朝倉日英対照言語学シリーズ
[発展編]

社会言語学
Sociolinguistics

井上逸兵 [編]

朝倉書店

編集者

井上 逸兵（いのうえ いっぺい）　慶應義塾大学文学部教授

執筆者（執筆順）

井上 逸兵（いのうえ いっぺい）　慶應義塾大学文学部教授
松田 謙次郎（まつだ けんじろう）　神戸松蔭女子学院大学文学部教授
堀田 秀吾（ほった しゅうご）　明治大学法学部教授
坪井 睦子（つぼい むつこ）　立教大学異文化コミュニケーション学部兼任講師
多々良 直弘（たたら なおひろ）　桜美林大学リベラルアーツ学群准教授
片岡 邦好（かたおか くによし）　愛知大学文学部教授
小山 亘（こやま わたる）　立教大学異文化コミュニケーション学部教授
吉川 正人（よしかわ まさと）　慶應義塾大学非常勤講師

はじめに

　本書は，『日英対照言語学シリーズ』（全7巻）に続くシリーズの一巻である．『日英対照言語学シリーズ』では取り扱うことのできなかった社会言語学をこの『発展編』では取り上げることになる．学問分野の知識としては，前シリーズで論じられている言語学のさまざまな知見を基盤としているため，それをどのように展開させるか，言語学の知識を実社会に向けてどのように活用するかを示しているという意味で『発展編』と言うことができるだろう．
　序章で述べているように，社会言語学はたんなる言語学の応用ということではなく，社会における言語をみることがより本質的だと考えることをスローガンとしているが，言語学を入り口として言語と社会の関わりを学ぶ方々には，言語学の基礎を身につけたうえで，社会言語学の基本的な理論や論考に入っていくのがよい道筋だろう．その意味でも『発展編』である．
　本書は，日英語対照社会言語学という切り口で書かれているので，英米文学，英語学，英語コミュニケーション系の学科，専攻で専門的に学ぶ方々，日本語学，日本語教育を専門とする方々，それ以外の学部，学科，専攻において，言語と社会，コミュニケーションに関わる科目を履修する方々を対象としている．
　ただし，本書は，必ずしも概説書，概論書のたぐいにはなっていない．現代とこれからの社会言語学において，重要かつ今後特に意義を高めるであろうと思われるトピックを取り上げ，そして掘り下げて論じている．言語学の知的蓄積は膨大だが，社会言語学は知識や知見を得るだけを目的としない，いわば「生きた」学問である．刻々と変化する社会と言語・コミュニケーションの状況に，学問をする者としてもこの社会に生きる者としても対応すべく，また時代の変化の中でも揺らがない視線と見識を持ち続けるためにも，これらのトピックから社会言語学のエッセンスを読み取ってほしい．
　序章で学史的な概観を得たあとは，どのような順序で読んでいただいても構わない．興味をもった章の議論から社会言語学の醍醐味を感じていただければ筆者

たちとしてはそれ以上のよろこびはない．そして，現実の言語・コミュニケーションと社会に目を向けて，そこから得た視点，知見を活かしてほしいと願う．英語と日本語はともに，本書の読者の多くにとってリアルな問題だろうと思う．

最後に，本書の企画をご提案くださり，校正から出版まで辛抱強くお支えいただき，さまざまにご尽力いただいた朝倉書店編集部の方々に，ここに記して御礼を申し上げたい．

2017年2月

井上逸兵

目　　次

序　　　章……………………………………………………［井上逸兵］…1

第1章　変異理論で見る日英語のバリエーション……………［松田謙次郎］…6
　1.1　変異理論とは？………………………………………………………6
　1.2　変異理論で何がわかるか（1）：日本語……………………………8
　　1.2.1　ガ行鼻濁音……………………………………………………9
　　1.2.2　ら抜き言葉……………………………………………………11
　　1.2.3　「が・の」交替………………………………………………13
　1.3　変異理論で何がわかるか（2）：英語………………………………16
　　1.3.1　t/d 脱落現象…………………………………………………16
　　1.3.2　ビートルズアルバムにみられる /r/ の発音……………………18

第2章　法　と　言　語………………………………………［堀田秀吾］…24
　2.1　法と言語と法言語学…………………………………………………25
　2.2　実際の分析例…………………………………………………………28
　　2.2.1　談話分析………………………………………………………29
　　2.2.2　方言研究の応用………………………………………………30
　　2.2.3　ことばとパワー………………………………………………32
　　2.2.4　心理言語学……………………………………………………34
　　2.2.5　商標の分析……………………………………………………36

第3章　メディア翻訳の社会言語学―ニュース・ディスコースにおける
　　　　翻訳とイデオロギー―……………………………………［坪井睦子］…43
　3.1　グローバル社会とメディア翻訳………………………………………43
　3.2　国際ニュースにおける翻訳の介在……………………………………45
　3.3　引用／伝えられた発話／翻訳…………………………………………47
　3.4　メディア翻訳とイデオロギー…………………………………………50

3.5　中東報道とメディア翻訳：前イラン大統領アフマディネジャードの発言 …………………………………………………………………… 53
3.6　メディア翻訳研究と社会言語学的課題 ………………………………… 57

第4章　報道の社会言語学 ………………………………… [多々良直弘] … 61
4.1　メディアにより創られるニュースと文化的価値観 …………………… 62
　4.1.1　報道により創られるニュース ……………………………………… 62
　4.1.2　報道により再生産される差別や偏見 ……………………………… 63
4.2　テレビ報道におけるコミュニケーション行動 ………………………… 66
　4.2.1　テレビ報道というフレーム空間における非言語行動 …………… 66
　4.2.2　テレビ報道における言語行動：報道内容とレジスター ………… 67
　4.2.3　視聴者に合わせた言語使用：オーディエンス・デザイン ……… 67
4.3　スポーツ実況中継の日英比較 …………………………………………… 68
　4.3.1　日本語と英語の実況中継における参与者の役割とモード ……… 69
　4.3.2　実況中継における文化的規範に則った言語使用 ………………… 70

**第5章　マルティモーダルの社会言語学―日・英対照による
　　　　空間ジェスチャー分析の試み―** ………………… [片岡邦好] … 82
5.1　マルティモーダルの社会言語学にむけて ……………………………… 83
　5.1.1　さまざまなモダリティ ……………………………………………… 83
　5.1.2　分析のための基本概念 ……………………………………………… 84
5.2　データおよび分析方法 …………………………………………………… 90
5.3　分析と考察 ………………………………………………………………… 91
　5.3.1　言語が映す空間移動 ………………………………………………… 91
　5.3.2　空間描写と視点タイプ ……………………………………………… 94
　5.3.3　ナラティブにおける視点タイプ …………………………………… 96

**第6章　字幕・吹替訳ディスコースの社会言語学
　　　　―ポライトネス研究の一展開―** ………………… [井上逸兵] … 107
6.1　字幕・吹替翻訳の特性 …………………………………………………… 108
6.2　コーパス化とアノテーションの諸問題 ………………………………… 111
6.3　ポライトネス研究の射程 ………………………………………………… 113

6.3.1　アングロサクソンの対等の原理……………………………………115
　6.3.2　対照対訳におけるポライトネス事象のカテゴリー………………116
6.4　日本語の非対話……………………………………………………………120
6.5　字幕・吹替訳ディスコースのグローバル化……………………………122

第7章　社会語用論……………………………………………［小山　亘］…125
7.1　社会語用論とは何か………………………………………………………125
7.2　言語間比較と社会文化間比較……………………………………………125
7.3　英米「標準語」の比較社会語用論
　　　：容認発音（RP）とジェネラル・アメリカン…………………………130
7.4　クラス／教室と階級，エスニシティ，そして移民の言語……………138
7.5　日本的再生産とその言説…………………………………………………141

第8章　社会統語論の目論見―「文法」は誰のものか―………［吉川正人］…146
8.1　統語論とは何か……………………………………………………………147
　8.1.1　「統語（論）」の定義………………………………………………147
　8.1.2　「文法」のありか……………………………………………………147
　8.1.3　「現実の文法」と「理想の文法」…………………………………149
　8.1.4　言語の創造性と保守性………………………………………………151
8.2　「社会」と「文法」の接続………………………………………………153
　8.2.1　事例理論と「制度」としての言語…………………………………153
　8.2.2　社会的圧力と文法……………………………………………………154
　8.2.3　「見知らぬ人と話すこと」と文法の単純化………………………155
8.3　社会統語論の目論見………………………………………………………156
　8.3.1　社会統語論の概要……………………………………………………157
　8.3.2　社会知としての文法…………………………………………………158
　8.3.3　文法性／容認性判断の限界…………………………………………160
　8.3.4　課　題…………………………………………………………………162

索　　引……………………………………………………………………………168
英和対照用語一覧…………………………………………………………………173

序　　章

井上逸兵

　社会言語学はその名のとおり，社会と言語の関わりを論じる学問である．sociolinguistics を日本語にしたものといってよいが，この英語についてはちょっといわく付きといえなくもないところがある．いまでこそ sociolinguistics という表記で定着しているが，かつては socio-linguistics とハイフン付きで表記されることもある時期があった．「ハイフン付き言語学」(hyphenated linguistics) の一つということで，これはつまるところ蔑称だったといってよい．中心的な言語学（統語論，形態論，音声学など）に対して，周辺的，もしくは亜流の言語学，せいぜい言語学の応用という意味合いである．

　本書はそのような立場に立たない．むしろ社会言語学こそが言語学の中心であると考える．つまり，社会的な文脈，状況に埋め込まれたところの言語にこそ言語の本質をみることができるという考えであり，社会言語学という名自体が一つの主張なのだ．

　もちろん文脈や社会状況から切り離したところの言語を分析することが無意味ということではない．言語を自律的存在と考える，中核とされる言語学の営みの蓄積は膨大であり，意義深く，社会言語学もその基礎の一部をそこにおいている．ただ，明らかにしたいこと，論じたいことの指向はそれぞれにまったく別のところを向いている．社会言語学では，言語の本質はまさに人々のやりとりの中にあり，社会こそが言語の生成の場であると考える．言語の自律性と言語使用者集団の均質性を前提とすることはできない．ことばは人が使うものである．好むと好まざるとにかかわらず，人は他の人とともに生きている．人と人とは広い意味での社会に生きている．そして，人と人とはことばによってつながっている．このありさまをとらえようとするのが社会言語学だ．

　言語学のさまざまな分野の議論をみれば，社会やことばを介したやりとりと関わらざるをえない言語現象を処理する局面にどこかで立たされるように思う．文脈だとか慣習だとか語用論的要因だとかを持ち出さざるをえない壁に必ずどこかでぶち当たる．当然だ．言語はそもそも社会的事象だから．その壁を越えず，あるいはそれに触れずに壁の中にとどまるのか，インターフェイスのごときものを

想定するのか，何らかの統合を意図するかは，それぞれの分野の流儀による．そしてそれ自体はなんら非難すべきことではない．理論や枠組みとはそのようなものだ．あることがらをみようとするのに，それが一番よくみえるレンズの周辺部は多少ぼやけたりするものだ．ハードコアの言語学はぼやけた部分をすっきりそぎ落としてきたにすぎない．社会言語学はそれらのレンズならぼやけてみえる部分に焦点を当てようとする．なぜなら，繰り返すが，そこにこそ言語の本質があると考えるからである．

ところで，言語はコミュニケーションの手段であり，社会的な存在であり，そのような見方が妥当と考えるなら，この知的営みが大の昔から始まっていてもおかしくない．ところが，欧米の言語学の流れを振り返ると，始まりはそれほど古くない．アメリカでいえば，社会言語学のはじまりは，1960 年代とされるのが一般的だ．象徴的には，1964 年のインディアナ大学でのアメリカ言語学会の言語学講座（Linguistic Institute）で，フィッシュマン（Fishman, J.），ファーガソン（Ferguson, C. A.），ラボヴ（Labov, W.），ハイムズ（Hymes, D.），ガンパーズ（Gumperz, J.）ら，当時のアメリカの社会言語学のそうそうたるメンバーがこぞって社会言語学の重要性を唱えた．言語学界を席巻したチョムスキー（Chomsky, N.）の 1957 年 *Syntactic Structure* の強烈なインパクトに反応したものであることは時期的にみても想像に難くない．さらに主要人物の名を連ねるならば，1960 年代のスピーチアクト（言語行為）論のオースティン（Austin, J. L.），サール（Searle, J.），1970 年代の協調の原理，会話の含意のグライス（Grice, H. P.）ら，言語学とは出自の違う論考が言語学の中に取り込まれていった．語用論など「コミュニケーション系言語学」とでもいいうる研究群を形成し始めたわけだが，これらも反チョムスキー的流れの中に位置づけることもできよう．

ラボヴ，ハイムズ，ガンパーズら現在のアメリカの社会言語学を築いた論者たちが活発に研究を展開したのは 1970 年代あたりからだが，むろんこれらがみな反チョムスキーという外発的な動機づけによって生み出されたというわけではない．また，欧米全体を見渡せば，チョムスキー以前にも社会言語学の萌芽はあり，そもそも歴史言語学も社会言語学的側面をもっていた（ただし，初期の社会言語学の関心はインドや日本などの「エキゾティック」な社会に向けられていたようである）．ここで着眼しておきたいのは，日本の社会言語学が欧米とは独立した起源をもっていることだ．1940 年代には「言語生活」の名のもとに社会言語学的な調査研究が始まり，1948 年に設立された国立国語研究所はおおよそ社会言語学の

研究所といってよい研究機関である．真田（1992）によれば，菊沢季生『国語位相論』（1933）の「位相」の概念は現代の社会言語学の萌芽であり，1949年の『国語学2』に発表された時枝誠記「国語に於ける変の現象について」は，そののちにアメリカで勃興する社会言語学に先駆けてのものであった．

　日本独自の社会言語学のはじまりと発展があったことは，桜井（2007）にうまくまとめられている．彼によれば，元禄5（1692）年の『女重宝記』は今日風にいえば「言語とジェンダー」についての研究といってよく，慶応2（1866）年の前島密の「漢字御廃止之建議」や森有礼の Education in Japan 序文における英語の導入など明治期にいくつかあった国語の西洋語化の議論，明治20（1887）年頃から盛んになる言文一致運動などは，現代の社会言語学でいえば「言語計画」の議論である．

　ことさらに単純化して論じるつもりはないが，たとえばブラウンとフォード（Brown and Ford 1961）やブラウンとギルマン（Brown and Gilman 1960）の呼称や二人称代名詞に関する論考などは，1960年代初期のアメリカの社会言語学の古典とされるものだが，相手によって呼び方を変えるという事象自体は，呼び方どころか敬語のようにスタイルまで変える日本語話者にとっては，なんてことない当然のことである．相手や状況によってことばを細やかに変えることが当たり前の日本語，日本語話者にとって，「社会言語学」などという述語や概念の誕生を待つまでもなく，ことばと社会，ことばと人との関わりを考えることも当然の知的探求からくるものだったのだろう．もっとも古代ギリシャのソフィストたちのレトリックの議論もコミュニケーションという意味でことばと社会の問題を論じてはいるが，日本語にあるようなことばやスタイルの多様性の問題とは異なる．

　古代ギリシャのレトリックの論議とは直接のつながりは特に指摘されていないようだが，西欧のその伝統ゆえにか，欧米の社会言語学に別の流れとして登場したのは，対人的コミュニケーション，ポライトネスの研究である．ブラウンとレビンソン（Brown and Levinson 1978, 1987）がその嚆矢だが，それの基礎となるゴフマン（Goffman, E.）がキー概念となる face（面目）を社会学に持ち込んだのは，よく知られたものでは Goffman（1967）とされる．レイコフ（Lakoff, R.），リーチ（Leech, G.）などの関連の著作も1970年代だが，これらに対して日本的視点から特筆すべきは，Ide（1989），Matsumoto（1988, 1989）などであろう．1990年代あたりから国語学，日本語学の中で「待遇表現」という分野が確立していくが，Ide, Matsumoto はともに英米系の言語学のポライトネスに対するアンチテ

ーゼとして日本的展開の道を示した．Ide の「わきまえ」としてのポライトネスや Matsumoto の Brown and Levinson 批判は，日本語話者／研究者でなければ得られない優れた論考であろう．

　本書は日本語と英語の対照を基軸とした社会言語学の論考を集めたものである．英語という言語がいま世界でおかれている状況は人類史上類のないものだ．英語はアングロサクソンの背景をもった言語であると同時に，いわゆるグローバル社会において特別の地位をもつ言語となった．日本語は英語とはだいぶかけ離れた，英語とは共有しない特徴を多くもつ言語である．本書の筆者たちは日本語話者であり，日本語で書かれているが，英語と対照されるに値するユニークさを持ち合わせているように思われる．また，それぞれの言語がおかれた社会の状況もかなり異なっている．いわゆる文化的な違いも多くある．日本語と日本には社会言語学の材料として格好のものがとりわけ多くあるようにみえる．日本独自の社会言語学の展開としても，欧米系の社会言語学に抗う潮流としても，英語と対照させた日本語の社会言語学の試みには大きな意味があるだろう．

　しかしながら，言語学は本来的，本質的に社会言語学である，という主張はセンセーショナルなスローガンとしてはよいとしても，たしかに，社会言語学がさばこうとする素材はあまりに多様だ．その分，調理法も多様である．本書における各議論もすべて異なった理論的背景によって立っており，異なった研究分野といってもよいくらいだ．おおよその分野を従来の枠組みでいえば，以下のようになるだろう．本書をこれらの分野にけるこれからの発展型としてお読みいただければと思う．中には，堀田氏の法言語学のように日本ではまださほど知られていないものや，吉川氏の社会統語論のようにまったくの新機軸といってよいものもある．

　　松田謙次郎（第 1 章）　変異理論
　　堀田秀吾（第 2 章）　法言語学
　　坪井睦子（第 3 章）　批判的談話分析
　　多々良直弘（第 4 章）　報道のナラティヴ
　　片岡邦好（第 5 章）　マルチモーダル研究
　　井上逸兵（第 6 章）　ポライトネス
　　小山亘（第 7 章）　社会語用論
　　吉川正人（第 8 章）　社会統語論

本書は，日英語対照の社会言語学と銘打っているように，それぞれの論者が日本と欧米（英米）双方の当該の分野に通じているが，日本語で書かれており，みな日本人が論者であることを考えると，いわば日本型英米系社会言語学の論考である．もちろんその諸分野を網羅しているという意図はないが，これからの中心的な下位分野の展望と読むこともできると思う．本書そのものが社会言語学的言語実践である．

　しかしながら，本書がかなりラディカルな試みといえるとしても，社会言語学という分野名には固定的なイメージもすでにしみついていることもたしかだ．「社会言語科学会」という学会があるが，「社会言語学会」としなかったのは，その従来の固定的な枠組みからの解放を意図したのだろう．拡張するこれからのこの分野の総称に新しい名前が必要なのか，はたまた「社会言語学」の分野の拡張をアピールすべきなのか．それはあまり本質的な問題ではないかもしれないが，言語と社会の問題は，現実を生きる我々にとってまさしくリアルな問題であり，学術的にも実社会への指針という意味においてもこれから言語学の中心であるべきであるように思う．本書をそのような挑戦として読んでいただければ幸いである．

文　献

桜井　隆（2007）「日本の社会言語学―その歴史と研究領域―」『ことばと社会』10号（特集・社会言語学再考）: 25-40.

真田信治ほか（1992）『社会言語学』桜楓社．

Brown, Roger W. and Marguerite Ford (1961) "Address in American English," *Journal of Abnormal and Social Psychology* **62**: 375-385.

Brown, Roger and Albert Gilman (1960) The Pronouns of Power and Solidarity. In Thomas A. Sebeok (ed.) *Style in Language*, MA: MIT Press, 253-276.

Brown, Penelope and Stephen C. Levinson (1978) Universals in Language Usage: Politeness Phenomena. In E. Goody (ed.) *Questions and Politeness*, Cambridge: Cambridge University Press.

Brown, Penelope and Stephen C. Levinson (1987) *Politeness: Some Universals in Language Use*, Cambridge: Cambridge University Press.

Goffman, Erving (1967) *Interaction Ritual: Essays on Face-to-Face Behavior*, New York: Doubleday.

Ide, Sachiko (1989) Formal Forms and Discernment: Two Neglected Aspects of Linguistic Politeness, *Multilingua* **8**(2/3): 223-248.

Matsumoto, Yoshiko (1988) "Reexamination of the Universality of Face: Politeness Phenomena in Japanese," *Journal of Pragmatics* **12**: 403-426.

Matsumoto, Yoshio (1989) "Politeness and conversational universals – observations from Japanese," *Multilingua* **8**(2/3): 207-221.

第1章　変異理論で見る日英語のバリエーション

松田謙次郎

1.1　変異理論とは？

　ことばにバリエーション（変異）があることは誰しもが認めることだろう．同じ意味の単語を，家族，友人，知り合いが別な言い方をすることを発見し，それをネタにすることは日常よくあることだ．北海道出身者が絆創膏のことを「サビオ」と呼んでいたり，関西出身者が何かを捨てることを「ほかす」といっているのを聞いたこともあるだろう．また，世間で話題にされる「ら抜き言葉」の存在を知って，自分が「ら抜き」派であることに気づいた人もいるだろう．合唱団に属したことがある人なら，発音指導をされてはじめて鼻濁音の存在を知った人もいるかもしれない．これらすべてがことばのバリエーションである．

　こうした変異を言語理論の中でどう取り扱うのかにはさまざまな議論がある．古典的生成文法では，こうした変異は「パフォーマンス・エラー」として片付けられていた．生成文法では母語話者がその言語に関してもつ言語知識（コンピタンス competence, 現在では Chomsky (1986) にならって I-language と呼ぶ），さらにその習得を含めたヒトの知性のシステムを明らかにすることを言語学の目的と考えているので，その実際の使用としての言語（パフォーマンス performance, 現在では E-language）については2次的位置づけをする．実際の使用の解明に意味がないというのではないが，まずはその土台となる言語知識の解明をしましょ，という理屈である．

　しかし日常使う言葉にみられる変異こそ文法そのものだ，文法はそもそもこうした変異ないしゆらぎのあるものなのだ，という考え方があってもおかしくはない．この立場では，変異は「パフォーマンス・エラー」どころか人間のもつ言語知識の一部だということになる．簡単に言ってしまうと，これが変異理論の立場である．後にみるように，たいていの言語変異現象には何らかの規則性がある．こうした規則性は個人の中にも，また個人が住む地域や個人が属する社会的集団（これらすべてを含めて言語共同体 speech community と呼ぶ）の中にもみられる．

社会で使われている言葉は無秩序にみえるが，そこに規則性があるとは驚きである．変異の中に秩序あり．これは変異理論の中心的モットーの一つであり，一見混沌としている言語共同体の中に規則性があることを，「秩序だった異質性」(ordered heterogeneity) と呼んでいる（Weinreich, Labov and Herzog 1968）．

ただし日常にはさまざまな言葉が溢れている．携帯で友達と話すときと，面接試験を受けるときでは明らかに話し方は違う．これらすべてを一緒にして分析することはできない．意外なことに，「秩序だった異質性」が最もよく現れるのは，自分の身に起こったことを夢中になって誰かに話すとき（ナラティブ narrative）や親しい仲間たちと気軽に話しているときのような，自分の言葉にあまり注意を向けていないときの，自発的な（つまり誰かに「話して」といわれて話すようなものではない）発話だということがわかっている．こういう言葉のことを日常語（vernacular）と呼ぶ（Labov 1972）．変異理論ではこういう日常語データを重視し，調査者は話者のインタビューを録音し収集する．

では誰かの日常語を1時間録音したとしよう．たとえばこのデータからその人の鼻濁音を調べたいとする．鼻濁音を調べるには「あいつが…」「大学」「ガソリン」「アガる」といったガ行の音が入った単語があればいい．ではまたまた幸運なことにこの1時間のインタビューの中でそうした単語が50個あったとしよう．これらすべての単語の発音を聞き分けたとして，それからどうすればよいだろう．まずはその中で鼻濁音がいくつあったのかを調べて，鼻濁音率を計算するだろう．日常語を使うとなればデータがいくつも出てくることになり，どうしても「数」に変換して，数量的な方法をとらざるを得ない．これが変異理論の基本的方法論，数量的アプローチの始まりである．

さて，友人数人をインタビューし，友人の両親のインタビューにも成功したとしよう．友人はノリノリで話してくれたのだが，さすがに友人の両親は改まった話し方に終始した．ノリノリで話してくれた友人のデータと，ずっと改まった話し方だった両親のデータは，同じ日常語といっても話しぶりが違う．ここで出てくるのが「スタイル」である．「スタイル」(speech style) とは人が話す調子を指す用語である．実は同じ人でもスタイルは変化する．友人にしても最初は緊張していただろうし，ずっと改まったスタイルだったその両親も，最後には少しはくだけたスタイルに変わってきたかもしれない．話している内容によってもスタイルは変わる．スタイルをどうやって区別するのかにはさまざまな議論があるが，ともあれ記録して区別しておく必要がある．

インタビューを集めていくと，若者からお年寄り，女性もいれば男性もいる，またさまざまな職業の人に当たるだろう．年齢，性別，職業といった話者の社会的属性によって人々のスタイルも変わってくるし，鼻濁音率が変わってくる．年齢によって鼻濁音率が変わっていれば，言語変化が進行している可能性もある．社会的属性と言葉の使われ方の相関は，実にいろいろなことを教えてくれて興味深い．ことばのバリエーションがこうした話者の社会的属性によっても大きな影響を受けている．これはいわば変異の幅を社会的属性が制限しているようなものなので，これを変異の社会的制約条件（social constraint）ないし外的制約条件（external constraint）と呼ぶ．

制約条件になるのは社会的属性ばかりではない．「ガソリン」の「ガ」をいきなり鼻濁音で発音する人はまずいないだろう．「上がる」であれば人によっては鼻濁音で発音することもあるかもしれない．これは，ガ行の音を含む単語の性質と，ガ行の音が単語のどの位置にあるのかによる．「ガソリン」は外来語だが，外来語では原則として鼻濁音は出現しない．さらに，「ガソリン」の「ガ」は語頭にあるが，鼻濁音は（少なくとも東京方言では）語頭には出現しない．よって「ガソリン」には鼻濁音では発音されないのである．一方，「上がる」は和語であり，さらにガ行音が語中にあるので鼻濁音で発音されてもおかしくはない．これはつまり，こうした言語学的な条件も変異の制約条件になっていることを示している．こうした言語学的な制約条件のことを，内的制約条件（internal constraint）と呼ぶ．

こうしてみてくると，鼻濁音という単純そうな変異現象一つにも，スタイル差，外的制約条件，内的制約条件とさまざまな要素が絡んでいることがわかる．これは何も鼻濁音ばかりでなく，一概に言語変異には複数の要因が関わっているのが普通である．変異理論はこうした複数の要因を明らかにし，統計的手法も駆使しながら，それぞれの要因の相対的な強さ，またそうした要因が存在する理由や社会的意味なども考察するのである．

1.2 変異理論で何がわかるか（1）：日本語

変異理論の大まかな紹介はこれぐらいにして，実際に変異理論でどのように変異が分析されるのかを日英語の例からみてみよう．

1.2.1 ガ行鼻濁音

最初はすでに紹介した鼻濁音である．もう一度内的制約条件を詳しく整理すると，以下のようになる（日比谷 1988）．

(1) 鼻濁音をめぐる一般化
   a. 語頭にあるガ行音は [g] で，語中は [ŋ]
   b. 外来語，擬音語などは [g]
   c. 和語は漢語より [ŋ] になりやすい．

ガ行鼻濁音は日本全国で衰退傾向にある．『日本言語地図』（国語研 1966）の「鏡」の図を簡略化した地図（徳川 1979）をみると，半世紀前の段階では東京はまだ鼻濁音地域である．「鏡」という単語でガ行音が語中にあり，この単語が外来語でも擬音語でもなく和語であることに注意されたい（図 1.1）．

ただし『日本言語地図』の被調査者はそのほとんどが 1903 年以前生まれなの

図 1.1 「鏡」におけるガ行鼻濁音の全国分布（徳川 1979 の図を一部改変）

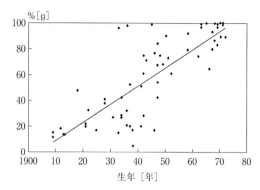

図 1.2 東京の鼻濁音・1987 年（日比谷 2012）

で,ほとんどの話者がすでに 60 歳代もしくはそれ以上であったはずである. よって若者では非鼻濁音化（破裂音化）がすでにかなり進行していたと考えられる.

『日本言語地図』の出版からほぼ 20 年後の東京を調査したのが，図 1.2 のグラフである．1987 年の調査で得られた都内出身者 62 名のデータで，縦軸には [g] 音で発音する割合を，横軸には話者の生年をとってある．若者ではまったく鼻濁音を使わない話者が多くなっていることがわかるが，これはつまり『日本言語地図』以後の変化を示しているわけである．

実は東京都内でも鼻濁音の分布には地域差がある．鼻濁音は都内東側の下町地域で比較的使われており，逆に西側の山の手地域では破裂音化の進行が早い．

この鼻濁音の変化と都内分布をめぐっては面白いエピソードがある．1958 年 11 月 27 日，美智子皇后が皇太子妃殿下に内定された際の記者会見の模様をテレビでみたある学者が，鼻濁音を使われてはどうかと新聞誌上で発言した（「東京新聞」1958 年 12 月 27 日朝刊一面）．美智子妃は 1934 年東京の山の手のお生まれで，一方学者は東京の下町出身で 1914 年生まれであった．20 歳という年齢差と地域差を考えれば，同じ東京出身者とはいえ 2 人の鼻濁音の発音に差があっても不思議ではなかったのである．なお，この発言があった後，翌年 1 月 14 日に納采の儀（結納に相当する宮中儀式）を終えてインタビューにお答えになった妃殿下は，見事に鼻濁音をマスターなさっていたという（川上 1959）．

もう一つの調査例をあげよう．図 1.1 にマークした兵庫県高砂市も調査当時は鼻濁音地域であった．この地図の出版から 30 年以上たってから,筆者の大学で卒業研究を行なっていた学生が高砂で鼻濁音の調査をした．その結果をグラフにし

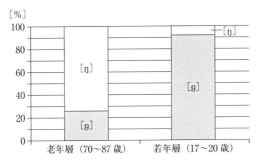

図 1.3 兵庫県高砂市の鼻濁音・1999 年（宮永 2000 のデータを松田がグラフ化）

たのが図 1.3 である．老年層と若年層の二つの年齢層を対象にしているが，ここでも鼻濁音の衰退は激しく，すでに老年層のみが使う状態になっている．高砂市の鼻濁音はまさに絶滅寸前の状況にあるわけである．

1.2.2　ら抜き言葉

マスコミで「言葉の乱れ」として叩かれ，就活になればエントリーシートの作文で必ず注意される言語変異，それがら抜き言葉である．改めてら抜きことばとは何かといえば，「見られる」「食べられる」「着られる」「起きられる」などといった可能形の表現が，それぞれ「見れる」「食べれる」「着れる」「起きれる」のようになる現象である．程度の差はあれ現在ではかなり一般化した言い方であり，たとえば国会で開催されるほとんどの会議を収録している国会会議録でも「見れる」だけで 1,664 件も出現する（下例 (2)～(3) 参照）．お堅そうな中央省庁のサイトを検索しても簡単に (4)～(5) のような例がみつかるのであり，いかにこの言い方が一般化しているのかがわかるだろう．

(2) さざなみのごとく魚の群れが見れるのですね．［昭和 48 年 3 月 2 日　第 71 回国会衆議院予算委員会第二分科会 1 号，山原健二郎議員の発言］

(3) 放つて置いたら起きれないような状態でありましたか．［昭和 24 年 5 月 31 日　第 5 回国会参議院懲罰委員会 7 号，遠山丙市議員の発言］

(4) そうすると候補は宿に泊まるなり，自分の家に帰るなりして寝れるんですね．［環境省・若林大臣記者会見録（平成 19 年 7 月 24 日）http://www.env.go.jp/annai/kaiken/h19/　0724.html〈2015 年 2 月 9 日最終確認〉］

(5) 同じものがそこに行けば食べれるというので行く場合もあるし，どういうこと

でしょうか，食事メニューの工夫を挙げておられるのは．［厚生労働省・2011年7月21日　第16回厚生科学審議会生活衛生適正化分科会議事録］http://www.mhlw.go.jp/stf/ 2r9852000001l6nh.html〈2015年2月9日最終確認〉］

ではら抜き言葉の内的制約条件はどうなっているのだろう．それは主に以下の3点に集約される（松田 2008b）．

(6) 東京方言のら抜きことばの制約条件
　a. 動詞語幹の短いものほど，ら抜きことばになりやすい．
　b. 上一段動詞（見る，起きる）の方が下一段動詞（寝る，食べる）よりも，ら抜きことばになりやすい．
　c. 一段動詞が複合語の第2要素や補助動詞の場合には，ら抜きは起きない．
　　例：のぞき見られる〜＊のぞき見れる，座っていられる〜＊座っていれる
　　　（＊印は非文法性を表す）

この内的制約条件を示すデータをみてみよう．いずれも東京方言話者のインタビューから抽出したデータを分析したものであるが，語幹の長さ（図 1.4）では3モーラ以上の語幹をもつ動詞（例：覚える，考える，信じる）ではら抜きが観察されておらず，上一段/下一段の活用型差（図 1.5）もくっきりと上一段動詞でら抜きが出やすいことを示している．

一方，外的制約条件には，年齢，性別，そして東京都内での居住地域（山の手/下町）が含まれている．図 1.6 は 78 人の東京語話者のインタビューをもとに，可能形を抽出して話者ごとにら抜き率を計算し，プロットしたものである．白丸は一人当たりのデータ数が 10 件未満，黒丸が 10 件以上の話者を表す．2 本の直線は統計学で回帰直線と呼ばれているもので，データの散らばりの傾向を最もよく表すよう計算された直線であり，数式はその直線の関数式を示す．「R^2」は「決定係数」と呼ばれ，本来「R^2」と表記される．このグラフにあるすべてのデータ

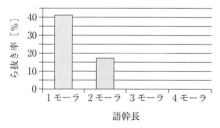

図 1.4　東京方言のら抜きにおける語幹長の効果（Matsuda 1993 のデータをグラフ化）

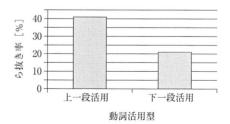

図 1.5　東京方言のら抜きにおける活用型差効果（Matsuda 1993 のデータをグラフ化）

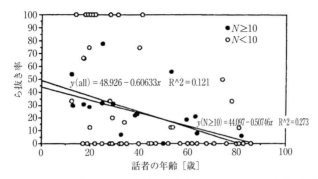

図 1.6 東京方言のら抜きにおける年齢の効果（Matsuda 1993 のデータを一部改変）

の散らばりがこの回帰直線でどれほど説明されているのかの割合を示したものである．回帰直線の傾きからもわかるとおり，ら抜き率は年齢とともに減少しており，逆にいうと若者になるに従ってら抜きの使用が広がっているわけである．

1.2.3 「が・の」交替

1.1 節の変異理論の概説では，生成文法と変異理論との違いについて触れた．しかし生成文法の論文を読むと，実は変異現象に触れている部分も少なくなく，時にはそうした記述が新たな研究のヒントになることもある．「が・の」交替もそうした事例の一つである．「が・の交替」が最初に言語学で取り上げられたのは生成文法の立場からこの問題を扱った Harada (1971) の論文であり，そこではこの「が」〜「の」の交替について小規模な調査すら報告されている．

「が・の」交替とは，(7)〜(10) のように助詞の「が」も「の」も使える現象を指す（実際には「〜まで」「〜から」「〜より」また「〜という」節でも可能だという説もあるが（菊田 2002, Ura 1993），ここでは省略する）．

(7) 言語学者　が / の　書いた本
(8) 冗談　が / の　面白い人
(9) 景色　が / の　きれいな部屋
(10) 先生　が / の　学生だった頃

これら 4 つの例を見ると，いずれも名詞を修飾する節の中であることがわかる．では，名詞修飾節ならばすべて「が・の」交替は可能なのだろうか．次の例はどうだろう．

(11) 彼　が / の　メールを送った人

(12) 父親　が / の　ヒップホップを踊れる人

　直観的には，(11)〜(12) の例では「の」はどうも使えないように思われる．だが，こうした直観をどれほど信頼していいのであろうか．
　一般に生成文法では，その言語の母語話者である言語学者自身が作った文の文法性について，同じ言語学者が判断したデータ（直観，ないし内省データ）を分析データとして使う（Chomsky 1965）．つまり自作の文がその言語の文として受け入れられる（acceptable）か否かを，自分で判断するわけである．これは何でもないようにみえることかもしれないが，一歩間違うと自分の理論に都合のよい判断をしてしまうおそれもある．変異理論はアメリカで生成文法が産声を上げた直後に誕生した分野であるが，生成文法による直観データの使用については，誕生以来，自然発話データ重視の立場から異を唱え続けている．
　直観データが使えないとしたら，どのようにしてその文の文法性判断をすればいいのだろう．一つの方法は，大量の言語データを集めて，主張されているような現象が観察されるかどうかをチェックすることが考えられる．この大量の言語データのことをコーパス（corpus）と呼び，このように大量の言語データの分析を通して言語構造の分析を行なう分野ないし手法のことを，コーパス言語学と呼ぶ（前川 2013）．すでにわかるとおり，変異理論とコーパス言語学は，その考え方が非常に近い領域である．
　話を「が・の」交替に戻そう．それでは，コーパス言語学的手法で (8)〜(10) のような環境で，が・の交替が可能かどうかを確認するにはどうすればよいだろう．現段階で日本を代表するような巨大コーパスとしては，国立国語研究所などが編集した「現代日本語書き言葉均衡コーパス（BCCWJ）」と「日本語話し言葉コーパス」の二つがあげられる．いずれも有料だが，巨大コーパスを無料で使う方法もある．それが国会会議録である（松田 2008a）．
　南部（2007）は，国会会議録に収められた東京出身議員 76 名それぞれから 100 件の「が・の」交替例合計 7,600 件を抽出し，「が・の交替」に関わるさまざまな

表 1.1　他動性制約と「が／の」の生起率（南部 2007: 127）

	直接目的語あり	直接目的語なし
「が」	100%（641/641）	87.9%（5,070/5,768）
「の」	0%（0/641）	12.1%（698/5,768）
合計	8.4%（641/7,600）	75.9%（5,768/7,600）

制約条件を分析してみせた．では，国会会議録では (11)〜(12) のような環境で「が・の」交替は可能だったのかをみてみよう．それが表 1.1 である．

　直接目的語がある場合は 641 件もあるが，そこでは確かに一度も「の」が使われていない．これは名詞修飾節内に直接目的語（「メールを」「ヒップホップを」）がある場合，「の」を使うことは不可能だという制約（他動性制約）があることを意味する．つまり，この環境では「が・の」交替は起きないわけである．

　ことばのバリエーションを研究する場合，こうした「変異が起きえない環境」を探し出すことは非常に重要である．バリエーションを研究するのには，実際に変異が起きうる場所に集中するのがよいのであり，変異が起きえない環境のデータを取り続けるのはあまり意味がない．変異境界（envelope of variation）を確定することが，変異研究の重要な一歩なのである（Matsuda 1995）．

　さて，Harada (1971) は，このバリエーションが変化の反映であるという仮説も表明していたが，その後長い間この仮説は検証されないまま放置されていた．Nambu (2005)，南部 (2007) は 30 年以上前に唱えられた変化仮説を検証するために，国会会議録から「が」と「の」が使われている国会議員の発話を抽出し，「の」の使用率と議員の生年をプロットすることで，見事にこれが進行中の変化であることを実証したのである（図 1.7）．

　グラフからわかるとおり，すでにこの文脈で「の」が使われるのは，全体の 5％近くにまで低下してきている．「が・の交替」はまさに絶滅寸前なのである．

　しかしことばの乱れの定番ともいえるら抜きと違って，このセクションで指摘されるまで「が・の交替」に気がつかなかった人もいるだろう．こうして無意識のうちに進む変化を「下からの変化」（change from below）と呼ぶが，下からの変化は図 1.7 のようなきれいなカーブを描くことが多い．

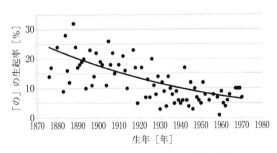

図 1.7　東京出身国会議員の生年と「の」の生起率（南部 2007: 122）

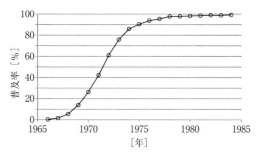

図 1.8 日本におけるカラーテレビ普及のグラフ（内閣府経済社会総合研究所 2015）
データは普及率が 99% に達した 1984 年までのものを使用.

　このカーブは S 字曲線（ロジスティック関数のグラフなので，ロジスティック曲線 logistic curve と呼ばれる）の末尾部分である．言語変化は一概にロジスティック曲線を描いて進行するが，これは何も言葉ばかりではなく，変化という現象一般にみられる特徴である．図 1.8 は日本におけるカラーテレビの普及を描いたグラフだが，非常にきれいなロジスティック曲線になっている．

1.3　変異理論で何がわかるか (2)：英語

　英語の変異研究に移ろう．日本語の場合と同様に，内的制約条件を簡単に確認してから，現象の説明に入る．

1.3.1　t/d 脱落現象

　英語の自然発話を聞いていると，単語の末尾の子音を発音していないのではないかと感じることがよくある．たとえば *He slept nine hours last night* という発話であれば, *slept* はおそらく [slɛp] と発音されているはずである．本来 [slɛpt] と発音されるものが語末の [t] が脱落して [slɛp] になってしまうわけである．こうした単語末の t/d 脱落現象は非常に規則的で，短時間の発話データを分析してもその規則性が浮かび上がる．t/d 脱落現象の内的制約条件は (13) の通りである（日比谷 1997）．

(13) t/d 脱落現象の内的制約条件 1
　　a. 文法的条件：t/d が同じ形態素内に含まれている場合＞不規則動詞の過去・
　　　過去分詞形の一部である場合＞規則動詞の過去形の一部である場合の順で

t/d 脱落が起きやすい．
- b. 音声的条件1：t/d に先行する音素が，歯擦音＞閉鎖音＞鼻音＞摩擦音＞流音の順で t/d 脱落が起きやすい．
- c. 音声的条件2：t/d に続く音素が，閉鎖音・破擦音・摩擦音＞流音＞わたり音＞母音の順で t/d 脱落が起きやすい．

　文法的条件からみてみよう．t/d が同じ形態素内に含まれている場合というのは，たとえば *mist, end* などがそれに当たる．これに対して，*felt, found* では t/d は不規則動詞の過去・過去分詞形の一部となっている．さらに *missed, buzzed* では規則動詞の末尾となっている．t/d 消去はこの順で起きやすいというのが文法的条件である．

　音声的条件は，先行環境と後続環境の二つがある．先行環境の条件が意味するところは，たとえば *-st* ＞ *-pt* ＞ *-nd* ＞ *-ft* ＞ *-ld* の順で脱落が起きやすいということである．同様に後続環境であれば *called Billy, last journey, left her* ＞ *first ride* ＞ *lend you* ＞ *worst enemy* の順で脱落が起きやすいことを意味している．

　さて，実際に YouTube を始めとするインターネット上の音声資料，またテレビやラジオなどのマスコミから流れてくる英語自然発話データが首尾よく手に入ったとしよう．そして語末に t/d を含む（そして後続音が [t, d, θ, ð] でない）単語300個を拾い，それらの実際の発音を記録していったとしよう．さらにそれらの単語を上記3つの制約条件に従って整理したうえで脱落率を計算し，本当に上に書かれたような具合に t/d 脱落が起きているのかを確かめるとしよう．データの性質によって，たとえば不規則動詞の過去・過去分詞形が少ないといったことがあるかもしれないが，およそ文法的条件と音声的条件2に従って脱落率が変わっていくことが確かめられるはずである．

　同時にこういう作業をしていると，さまざまな疑問が湧いてくる．たとえば不規則動詞であっても後に母音が続く場合（*kept it*）もあれば閉鎖音が続く場合（*told Peter*）もあるわけであり，「不規則動詞であったこと」だけがどれほど影響していたのかを確かめるのは難しい．また，たとえば音声的条件2で閉鎖音と摩擦音の差が10％あったとして，これが意味のある差なのかもわからない．さらに音声的条件1はデータからはあまりはっきりとは浮かび上がらず，どうも弱い要因ではないかという気もするが（実は先行研究に従うとこれは正しい），本当のところはどうなのだろうか．

　これまでみてきた例では，制約条件が複数あるケースが多かったが，実は言語

変異現象では，複数の要因が関わってくるのが普通である．それぞれの制約条件に従って整理した上で単純にパーセンテージをとってもおよそのところはわかるが，どうしても上のような解決できない疑問が出てきてしまう．そこで変異理論では，多変量解析という統計的手法を使い，それぞれの要因が，他の要因による影響を除いたうえで，どれほどその変異現象に関わっているのかを計算して分析することが多い．多変量解析では，もちろん内的制約条件ばかりでなく，話者の社会的属性や，話し方のスタイルの差までも取り入れることができるので，たとえば話者の性別がどれほど t/d 脱落に関わっているのかとか，くだけたスタイルと改まったスタイルでどれほど鼻濁音の出やすさに差があるのかも確かめることができる．

1.3.2 ビートルズアルバムにみられる /r/ の発音

言語変異を調べるのは，非常に身近なデータからでも可能である．ここで取り上げるのは，トラッドギル（Trudgill 1983）によるビートルズアルバムにみられる発音変化の研究である．トラッドギルはイギリスを代表するポップグループであったビートルズ（The Beatles）のアルバム 10 枚を分析し，収録されている歌の中で使われている /r/ の発音を記録・集計することで，その変化を実証したのであった．

ここで扱っている /r/ の発音は，正確には *bird*, *letters* などのような，母音の前以外の /r/ である．多くのイギリス方言ではこの環境下の /r/ は発音しないが，逆にアメリカ方言の多くはこれを発音するという違いがある．そこで，トラッドギルはビートルズがこの位置にある /r/ をどのように発音するのかを調べたのである（図 1.9）．グラフの縦軸は /r/ を発音した割合，横軸はアルバムの発表年である．資料となったアルバムはグラフ中に記されている．

ビートルズは結成から 10 年足らずで解散したのだが，グラフはその 10 年間に彼らのボーカルで劇的な発音変化があったことを示している．そしてその変化は，アメリカ風に /r/ を発音するのではなく，イギリス風に発音しない方向に向かっている．ではなぜこのようにビートルズの発音は変化したのだろうか．

これについてトラッドギルは二つの理由をあげている．一つはビートルズ前期の歌がロックンロール調であったのに対して，後期の歌では複雑で，黙想的ないし詩的なものに変わり，同時に自作の歌がほとんどとなった後期ではイギリス的なテーマやイギリスの地元を取り上げた歌が多くなったという事実である．イギ

1.3 変異理論で何がわかるか (2)：英語

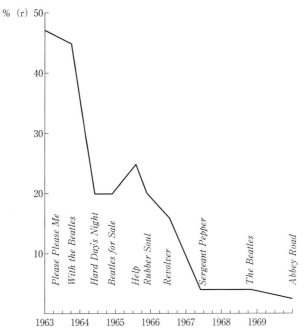

図 1.9　ビートルズアルバムにおける /r/ の発音 (Trudgill 1983: 151)

リス的なテーマや地元を取り上げるのであれば，当然イギリス的な発音で歌った方が自然であろう．

　しかし実はもう一つのイギリスを代表するロックグループである，ローリング・ストーンズでも似たような変化が起きていた．彼らの歌における /r/ の発音も /r/ を発音しない方向に向かっていたのである．二つのグループの発音が偶然に同様な変化を起こしていたとは考えにくい．ここにトラッドギルのあげるもう一つの理由がある．それは，ビートルズ誕生とそれに続くブリティッシュ・ロックの隆盛により，ロック文化におけるアメリカ支配が弱まったためであったという．ロックはもともとアメリカ発の文化であり，当初イギリスのロッカーたちはロックの音楽的様式やファッションばかりでなく，その発音までも含めてロックという文化を取り入れようとした．これはつまり，彼らのモデルがアメリカであったということである．しかし，いったんブリティッシュ・ロックが一定の地位を築くと，ロッカーたちはアメリカモデルにそれほどの魅力を感じなくなったというわけである．

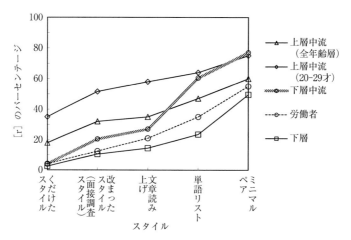

図 1.10 ニューヨーク市における「母音後の r」の発音 (Labov1994: 87)

前述のように，ここで取り上げられている /r/ とは次に母音が続かない /r/ であり，ビートルズの歌から具体例をあげると以下の下線部がそれに当たる．

(14) When I was younge<u>r</u>, so much younge<u>r</u> than today （*Help!*）
(15) Wearing the face that she keeps in a ja<u>r</u> by the doo<u>r</u> （*Eleanor Rigby*）
(16) It's getting ha<u>r</u>d to be someone, but it all wo<u>r</u>ks out （*Strawberry Fields Forever*）
(17) Little da<u>r</u>ling, it feels like yea<u>r</u>s since it's been he<u>r</u>e （*Here Comes the Sun*）

この /r/ は世界中の英語方言を二分する一大特徴であり，これを発音する方言を rhotic と呼び，発音しない方言を non-rhotic と呼ぶ．北米での分布状況を最新の言語地図でみると，アメリカ東北部と南部のごく一部以外はすべて rhotic である（Labov et al. 2006: 48）．

「母音後の r」(post-vocalic r) とも呼ばれるこの位置の /r/ は，変異理論の代表的研究であるラボヴのニューヨーク市調査でも取り上げられた (Labov 1966)．図1.10 はこの調査結果の一部であり，変異理論史上最も有名なグラフの一つである．横軸は発話スタイルを示し，右へいけばいくほどスタイルが高くなる．縦軸は /r/ を発音する割合を表し，上にいけばいくほど /r/ を発音する．グラフからもわかるとおり，/r/ の発音ではニューヨーク市民の社会階層（一概に階層が高いほど /r/ を発音する）と発話のスタイル（改まったスタイルになればなるほど /r/ を発音する）が大きな制約条件となっている．下層中流階層の話者はスタイルが高くなると上昇階層の話者を追い越してしまい，すべての階層の中で最も /r/ を発

音する階層になる．不安定な階層である下層中流階層話者が，自分の発音に注意が向くようになると，とたんに社会的評価の高い発音をするようになるこの現象は，その後過剰矯正（hypercorrection）と呼ばれるようになった．

まとめ

日英語併せて5つのバリエーションの具体例をみながら，大まかに変異理論的な考え方を解説してきた．変異理論は調査に関わる分野であり，ともかく自分でデータを集め分析してみないことには何もわからない学問分野である．変異理論が面白そうだと思ったら，ともかく気になる現象についてデータを集め，集計したうえで分析してみるといい．そうして「手を汚す」ことで，ここまで説明したことがより一層わかるようになるだろう．言語変異は身のまわりに無数にある．目を大きく見開き，自分の母語方言，第2言語について，「XともいうしYともいう」という現象を片っ端から探し，分析してみよう．それが始まりである．

より深く勉強したい人のために

これから先バリエーション研究について学ぼうとするのであれば，まずは入門書をもう数冊，それも日本語ばかりでなく英語で書かれたものも読んだほうがよい．そこからさらにテクニカルな書物や論文をたどっていくことを勧める．

- 郡司隆男・西垣内泰介（編著）（2004）『ことばの科学ハンドブック』研究社，第6章．
  変異研究について，日英語の例を引きながらもう少し詳しく解説している．短いものなので，本章と併せて読むことを勧めたい．
- 日比谷潤子（編著）（2012）『はじめて学ぶ社会言語学―ことばのバリエーションを考える14章』ミネルヴァ書房．
  日英語におけるバリエーションの具体例が豊富に取り上げられており，本章でも触れたコーパスや国会会議録に関する説明もある．現在入手可能な日本語の変異理論入門書として一番勧められる本の一つである．
- ダニエル・ロングほか（編）（2001）『応用社会言語学を学ぶ人のために』世界思想社．
  事例はほとんど日本語だが，変異研究は日本語教育，言語接触など波及範囲が広いこともその特色の一つといえる．広い視野から，また日本の方言学的な流れを汲む枠組みから変異研究を眺めるのにも最適な入門書である．
- J. K. Chambers and Peter Trudgill (1980) *Dialectology*, Cambridge University Press.
  英語で書かれた変異理論研究の入門書の決定版の一つである．この本の特色は方言学の延長として変異研究をとらえている点である．日本では比較的馴染みの薄い欧米

地域方言学について一通りの知識を得るためにも，この本は非常に有効である．
- Sali A. Tagliamonte（2012）*Variationist Sociolinguistics: Change, Observation, Interpretation*, Wiley-Blackwell.
　　現段階で変異理論の最高にして最先端の教科書である．これ 1 冊で初歩からデータの読み方，多変量解析まで一通りの知識が身につくはずである．

文献

川上蓁（1959）「発音直した正田嬢」『東京新聞』1959 年 1 月 17 日朝刊「声」欄．
菊田千春（2002）「が・の交替現象の非派生的分析：述語連体形の名詞性」『同志社大学英語英文学研究』**74**: 93-136.
国立国語研究所（1966）『日本言語地図』大蔵省印刷局．
徳川宗賢（編）（1979）『日本の方言地図』中央公論．
内閣府経済社会総合研究所（2014）「主要耐久消費財等の普及率（一般世帯）（平成 26 年（2014 年）3 月現在）」http://www.esri.cao.go.jp/jp/stat/shouhi/ 2014/201403fukyuritsu.xls〈2015 年 2 月 13 日最終確認〉
南部智史（2007）「定量的分析に基づく「が／の」交替再考」『言語研究』**131**: 115-149.
日比谷潤子（1988）「バリエーション理論」『言語研究』**93**: 155-171.
日比谷潤子（1997）「オンタリオ州およびブリティッシュコロンビア州在住の日系カナダ人 2 世の英語における -t, d 脱落」『慶應義塾大学言語文化研究所紀要』**29**: 155-165.
日比谷潤子（2012）「発音の変化を分析する」日比谷潤子（編）『はじめて学ぶ社会言語学―ことばのバリエーションを考える 14 章』ミネルヴァ書房，141-154.
前川喜久雄（編）（2013）『コーパス入門（講座日本語コーパス第 1 巻）』朝倉書店．
松田謙次郎（編）（2008a）『国会会議録を使った日本語研究』ひつじ書房．
松田謙次郎（2008b）「東京出身議員の発話に見る「ら抜き言葉」の変異と変化」松田謙次郎（編）『国会会議録を使った日本語研究』ひつじ書房，111-134.
宮永真紀（2000）「ガ行鼻濁音―高砂市における [g] [ŋ] の発音の実態―」神戸松蔭女子学院大学文学部英語英米文学科卒業論文．
Chomsky, Noam（1965）*Aspect of the Theory of Syntax*, Cambridge, MA: MIT Press.
Chomsky, Noam（1986）*Knowledge of Language: Its Nature, Origin, and Use*, New York: Praeger.
Harada, Shin-ichi（1971）「Ga-No conversion and idiolectal variations in Japanese」『言語研究』**60**: 25-38.
Labov, William（1966）*The Social Stratification of English in New York City*, Washington, D.C.: Center for Applied Linguistics.
Labov, William（1972）*Sociolinguistic Patterns*, Philadelphia: University of Pennsylvania Press.
Labov, William（1994）*Principles of Linguistic Change Vol. 1: Internal Factors*, Oxford: Blackwell.
Labov, William, Sharon Ash and Charles Boberg（2006）*The Atlas of North American English: Phonetics, Phonology and Sound Change*, Berlin: Mouton de Gruyter.
Matsuda, Kenjirô（1993）"Dissecting Analogical Leveling Quantitatively: The Case of the Innovative

Potential Suffix in Tôkyô Japanese," *Language Variation and Change* 5(1): 1-34.

Matsuda, Kenjirô (1995) "Variable Zero-marking of(o) in Tôkyô Japanese," Ph. D. dissertation, Department of Linguistics, University of Pennsylvania.

Nambu, Satoshi (2005) "Corpus-based Study of the Change in GA/NO Conversion," MA Thesis, Kobe Shoin Women's University.

Trudgill, Peter (1983) *On Dialect: Social and Geographical Perspectives*, New York: New York University Press.

Ura, Hiroyuki (1993) "L-relatedness and its Parametric Variation," In Colin Phillips(ed.) *MIT Working Papers in Linguistics* 19: 377-399.

Weinreich, Uriel, William Labov and Marvin Herzog (1968) "Empirical Foundations for a Theory of Language Change," Weinfred Lehmann and Yakov Malkiel(eds.) *Directions for Historical Linguistics*, Austin: University of Texas Press, 97-195.

第2章 法と言語

堀田秀吾

　私たちの社会生活は,「法」がなければ成り立たない．私たちは生まれる前から死ぬまで，朝起きてから夜寝るまで，そして夜寝ている間でさえも，ありとあらゆる場面で法と関わっている．たとえば，私たちの住んでいる家屋や部屋は，契約に基づいて賃貸あるいは購入されているものであり，私たちはそうやって成立した契約によってそこに住む権利を保障されている．電気も，ガスも，上下水道も，そういった文化的生活に必要なものの多くが契約に基づいて提供されている．父母の婚姻関係，家族関係，親戚関係も法によって定められた身分に基づいているし，それによって相続関係なども決まる．学齢に達している子どもたちは，学校教育法に基づいて学校に通い，教育を受ける．大人は法に従った契約関係，労使関係などのもとに働く．また，胎児の段階から相続権は発生するし，作者の死後数十年にわたって著作権は続く．私たちの生活で，法がまったく関わらないことをみつけるほうが，むしろ難しいくらいである．

　そんな私たちをとりまく法は，ことばなしには存在し得ない．法は，ことばで定められ，ことばで書かれ，ことばで運用される．法の世界では，ことばが決定的な要因となって，時として人の人生や生死までも左右するほど重要な意味合いをもつことさえある．実際に，1990年代のアメリカの裁判で，裁判の中で陪審への口頭説明に使用されたことばが不適切だったことを言語学者らが実証し，最終的に一度下された死刑判決が無効とされ，裁判のやり直しに至った例もある．まさに言語分析が，人の生死を左右したのである．

　法と言語の問題というと，通常の人にとって最初に思い浮かぶのが法律文のわかりにくさや，法律家による解釈と一般人による解釈の乖離などの問題であろう．確かにそれらも法と言語の重要なテーマではあるが，たとえば，契約，商標，司法通訳，盗作・剽窃，詐欺，贈収賄，なりすまし，言語教育，言語政策まで，この分野で扱う現象はもっと広汎で，種類も多い．そもそも私たちの暮らしのありとあらゆる事柄が法と関わっているという事実から考えても，この分野の研究対象となりうる現象は限りなく存在する．そういったさまざまなことばと法の問題を扱うのが，法と言語という分野である．

法律家は，法および法を定めていることばの専門家ではあっても，言語現象の分析の専門家ではない．法律家は言語分析に関しては，多くの場合，高校などの中等教育までで習った国語の知識しか持ち合わせていない．その意味では，一般市民となんら変わりはない．法の専門家でない者が法的な判断をするのは危険であるのと同様，法という特殊なコンテクストのことばとはいえ，言語分析の専門家でない裁判官が，主観的な方法，不完全な知識で言語分析を行なうことは時として危険である．したがって，法律家と言語学者の両者がお互いの専門的知見を提供しあうことで，より正確な事実の把握が可能になり，より公正な法の解釈・運用ができるようになる．また，ことばを客観的，経験的，科学的に言語学の分析は，実際の捜査や法廷でもしばしば利用されるようになってきている．

　言語学者による法と言語の研究は，海外では，30年ほど前から，日本では21世紀に入ってから本格的に研究が始まった，まだまだ新しい分野である．本章では，まず法と言語という分野を概観してから，日本語や英語における実際の分析例をいくつかみていく．

2.1　法と言語と法言語学

　言語は，基本的に音声あるいは文字の形で表出する現象である．したがって，法と言語の研究も，まず大きくいえば，「書きことば」と「話しことば」の二つを研究対象とする．

　この区別に加え，リーヴィー (Levi 1990) は，法と言語に関わる研究を，研究対象および研究目的の違いによって，以下の三つに分類している．

① 言語そのものを研究対象にするのではなく，言語を法の仕組みを理解するための道具としてとらえ，法と裁判手続きのより深い理解を目的とする．
② 複雑な法の世界を言語使用の特殊なコンテクストとしてとらえ，法の中での言語そのものを研究対象として言語学的分析を行なう．
③ 法という仕組みの中で使用される言語を分析することを通して人間の心理，社会，文化などを研究する．

①は，いわば，「ことばからみた法」という切り口で，言語学というよりも，法というものを理解するための方法論として，言語を窓口にしているだけなので，言語学というよりも法学的なアプローチといえる．②は，いうなれば「法の中のことば」を調べるアプローチで，言語を対象にした，きわめて言語学的な取組みと

いえる．③は，あえていえば，「法の中のことばからみえるもの」という切り口で，言語学に限らず，心理学，社会学，文化人類学，哲学など，あらゆる学術分野に通ずるアプローチといえる．

　法と言語の研究は，これらの区別以外にも，「法言語学」(forensic linguistics)と「法と言語」(language and [the] law) という区分で語られることがある．「法医学」が医学の専門的知見を事件の捜査や裁判に応用する分野であるのと同様に，法言語学という分野は，本来は言語学の専門的知見を事件の捜査や裁判で使われる証拠の分析に役立てる分野を意味する．たとえば，複数の文書や音声が同一人物によって作成されたものかどうか，あるいは，発されたことばが犯罪や不法行為を構成するものかどうかを調べたり，ことばを手がかりに話者・書き手のプロファイリング（人物像の推定）を行なったりするのである．法言語学は，上掲のリーヴィーによる分類の②にあたる分野の一つともいえる．

　一方，法と言語は，ことばと法に関わる現象を扱う学術分野を総称的に呼ぶ分野で，上掲のリーヴィーによる分類の①〜③全てのアプローチのどれにも当てはまる．

　しかし，近年は，日本でも英語圏でも，「法言語学」と「法と言語」のどちらも含めて，言語学を軸にした法と言語の研究全体を「法言語学」と呼ぶようになってきている．そして，両者の区別が必要な場合には，言語学の専門的知見を事件の捜査や裁判で使われる証拠の分析などの法実務に応用する研究分野を「狭義の法言語学」，その他の非実務的な学術的な法と言語に関する探究を「広義の法言語学」と呼んで区別している．

　少々ややこしいので簡単に再度まとめると，あらゆる学者が携わる法と言語に関わる研究は「法と言語」と呼ばれ，言語学者が中心となった法と言語に関わる研究は包括的に「法言語学」と呼ばれる．その法言語学の中でも，法実務への応用を意識したものは「（狭義の）法言語学」と呼ばれ，法実務への応用を特に意識

表 2.1　法と言語と法言語学の関係

「法と言語」	
（あらゆる法と言語に関わる研究）	
「法言語学」	
（言語学を軸にした法と言語の研究）	
「広義の法言語学」＝法と言語」	「狭義の法言語学」

しない法と言語に関わる研究は,「(広義の) 法言語学」とも, 単に「法と言語」と呼ばれる場合もあるということである.

ことばの犯罪

発話は, それ自体が, 発話以外の何らかの行為を遂行したことになる. たとえば,「ごめんなさい.」という発話は,「謝罪」という行為である.「この封筒, 西垣先生に渡していただけますか?」という発話は,「依頼」という行為をなす. このように発話を通して実現される行為を発話行為 (speech acts, Austin 1962) という.

発話行為が犯罪行為となることがある. シャイ (Shuy 1993) が,「ことばの犯罪」(language crimes) と呼ぶ言語現象である. たとえば, 脅迫, 贈収賄, 偽証, 共謀, 名誉毀損, 教唆などはその典型例である. 発話行為だけでなく, 文書の偽造などもことばの犯罪である. これらの犯罪においては, ことばをどう使ったかが裁判において証拠や争点となる.

ことばの犯罪は, 必ずしも身体的活動を必要とせず, 発話だけで犯罪が成立してしまうところに特色がある. たとえば, 脅迫一つとってみても, ことばの犯罪が成立する発話行為には, 必ずしも他者に害悪を及ぼすことを明示的に表す表現が用いられるわけではない. 以下の発言のどれが脅迫ととらえられるか考えていただきたい.

(1)
 a. I'll get you.
 b. Your days are numbered.
 c. I'm watching you.
 d. I'll stop you.
 e. Touch that and you'll die.

(Shuy 1993)

実は, 最後の (1e) の文は, 学童が遊びの中で発した表現であり, 他の (1a)-(1d) は, すべて実際の犯罪で使われた脅迫の文言である. 字面通りの表面的意味では, 最後の一文こそが脅迫文のように感じられたのではないだろうか.

このように, 文の意味や発話行為は, コンテクストなしには決まらないというのが言語学では常識であるが, 法律家たちは, 辞書の定義, 字面通りの意味に頼りすぎるきらいがある. 法律家たちは, これらの発話がどうして脅迫あるいは脅

迫でないと理解されるか，つまり，言語表現が産出・理解される仕組みを客観的に分析する術を持ち合わせていない．一方，言語学には，たとえばオースティンやサール（Searle）の言語行為理論やグライス（Grice）の協調の原理のように，なぜこれらの発話が脅迫という発話行為となるのかを説明する知見が蓄積されている．したがって，言語学者による，「ことばの水先案内」（Solan 1998）は，法の世界にとっても有用となるのである．

犯罪だけでなく，契約不履行，商品の注意書きの不備，類似商標，剽窃などのように，契約法，不法行為法，知的財産法といった刑事事件以外の事件に関わるものも，大きな意味では，ことばの犯罪と同列の言語現象といえるだろう．

2.2 実際の分析例

ここからは，法と言語の日本や英語圏の国々において公表されてきた，いくつかの法と言語の実際の分析例を紹介する．まずは，法と言語の世界では一般的にどのような研究が行なわれてきているかを概観するために，リーヴィー（Levi 1990）がまとめた1990年頃までに発表された法と言語の研究のリストを紹介したい．

- A. ほとんどの公表された法言語学の研究が属するテーマ
  1. 司法取引，法廷ディスコース，刑事事件における証拠として提出された会話などを含む，法という場における言語の談話分析
  2. 目撃証言の信頼性に影響を与える言語的要因
  3. 法言語の平易化
  4. 法廷での証言における提示のスタイルと言語的態度
- B. 困難を伴うが研究が始められた分野
  1. 法的な場におけるコミュニケーション能力
  2. 少数言語話者の適正手続（due process）の保障
  3. 法律家・依頼者間のやりとり
  4. 供述録取書の信ぴょう性と司法過程への示唆
  5. 法廷ディスコースのモデルとしての物語
  6. 書面化された法の言語の構文・談話分析
- C. 大きな研究意義があるものの，公表された研究がほとんど存在しない分野
  1. 広告の言語と連邦取引委員会（日本でいう，公正取引委員会）の規制
  2. 言論の自由，象徴的表現（symbolic speech）と憲法上の規定

2.2 実際の分析例

3. 言語の権威に対する法律家の考え方
4. 前提と誘導的質問に関して：法的に適格と認められる証拠のことば

(Levi 1990)

これは少々古いリストであるため，無論ここにリストされているもの以外の方向性の研究も多少は出てきているが，このリストは，読者が研究テーマを考える際に，十分に参考になるだろう．

以下，上記 A に属する研究を中心に，実際の分析例を紹介していく．

2.2.1 談話分析

以下の会話は，組織犯罪の被告人である D が，別の実行犯 T と共犯であるということを証明するために用いられた，D と T のやりとりの一部である．

(2) 殺人の実行犯 T と被告人 D の会話
　001　T：And then we killed that [X].
　002　D：Yeah.
　003　T：He wanted to have me killed, you know.
　004　D. Yeah.
　005　T. Yeah, [Y] - You know.
　006　D：Yeah.
　007　T：And uh I still got that against him.

(Prince 1990)

上の会話において，T の 001 の And then we killed that [X]．（そして，我々はその『X』という男を殺した．［筆者訳］）という発話に，被告人の D が 002 で Yeah.（うん）と答えている．この発話により，D が犯行を一緒に行なったことを認めているとされ，D は殺人の共犯だとされた．

一見したところ，その結論は正しいかのように感じられる．しかし，この証拠の鑑定を行なった言語学者のプリンスは，「この分析は言語学的には不正確で，十分な根拠になりえない．」とした．なぜなら，この会話は，二つの理由で話者の意図があいまいだからである．

一つ目は，yeah という返事がもともともつあいまいさである．yeah という返事には，相手がいっていることを肯定するという意味と，会話をスムーズに進行させるために相手のいっていることを聞き手が理解しているという合図を送る「相槌」の二つの役割がある．日本語でも，「うん」や「はい」という返事には同

様の機能があるが，そのニュアンスとほぼ同じと考えるとわかりやすい．

こう考えると，002におけるTの発言に対するDの返事は，必ずしも「TとDが共謀して一緒にその男を殺した」という解釈が生じるわけではない．001においてTが語る内容に対して，Dがyeahと単に相槌の意味で発した可能性が残る．

002のDによる001の発言に対する返答を「同意」あるいは「肯定」の解釈ととった場合は，Dは殺人に手を貸した共犯であることになる．一方，単なる相槌の解釈では，DはTの殺人に手を貸していないことになるので，共犯ではない．したがって，この解釈の違いは非常に重要なのである．

二つ目は，weという表現のあいまいさである．weには，話し手と聞き手を指す場合（例：We are friends, aren't we? 私たちって友達だよね？）と，聞き手を含まず，話し手と聞き手以外の第三者を指す場合(例：We really wanted you to come.「私たちは，あなたに本当にきてほしかった．」）がある．この違いが，上の会話では大きな解釈の差を生み出す．

001のTの発言におけるweは，聞き手のDを含む解釈（inclusive WE）と聞き手を含まない解釈（exclusive WE）が可能である．weが聞き手を含むのであれば，「TとDでXを殺した．」と解釈できるし，weが聞き手を含まないのであれば，「TとD以外の誰か他の人とでXを殺した．」と解釈できる．前者の解釈ではDは共犯になり，後者の解釈ではDは殺人には無関係ということになる．

このように，2種類のあいまいさが含まれたこの会話には，「2通り×2通り」の4通りの解釈が生じることを言語学の立場から証明することで，訴追側の主張を弱めることに成功している．

ことばには，このようないわれてみれば当たり前のように感じる差でさえも，一般の人では気がつかないことが少なからずある．捜査や裁判に関わる者たちも，このようなことばに隠された情報を見落としている可能性も大きい．言語学者は，こういった現象を分析するトレーニングを受けており，客観的・科学的に説明する術も有しているがゆえに，近年，法の専門家たちに利用されることが多くなってきている．

2.2.2　方言研究の応用

アメリカのカリフォルニア州で起きた爆弾脅迫事件においても，言語学的分析が提供された（Labov 1988）．この事件では，PAN AMERICAN航空に爆破予告の脅迫電話が入り，捜査の結果，同航空会社で以前働いていたニューヨーク州出身

2.2 実際の分析例

の男性が，犯人の声に似ているということで，容疑者として逮捕された．

この裁判で，弁護側は，音声学を専門とする言語学者のディズナー（Sandra Disner）とラディフォギド（Peter Ladefoged）による声紋分析，および方言学を専門とする言語学者のラボヴ（William Labov）による方言分析を利用した．その結果，脅迫電話の声の主も，逮捕された男も東部方言の話者という点では共通していたが，脅迫電話の主は，ボストン地方特有の方言を話す話者であり，被告人は典型的なニューヨーク市の方言の話者であったため，別人物の可能性が高いということが証明された．

また，日本の事例では，脅迫電話の声の主について，その音韻的特徴を方言学者が鑑定したものが採用され，新潟県出身の被告人が脅迫電話の声の主と判断された事例（千葉地判平成3年3月29日判時1384号141頁）がある．

事件の概要を簡単に述べると，この事件の被告人は，革命的共産主義者同盟全国委員会，いわゆる中核派の構成員であった．千葉県収用委員会委員である被害者Aさんおよびその妻に対して，Aさんがその職をやめなければ，Aさんの生命や身体等に危害が加わる可能性を示唆する脅迫電話があった．

鑑定では，この脅迫電話の音声を録音したカセットテープと捜索差押時の被告人の音声を録音したカセットテープを比較した．カセットテープから抽出された特徴的な発音の地域は，「甲種アクセント」と呼ばれる京都・大阪を中心とした近畿の大部分および四国の一部の地域，「無型アクセント」と呼ばれる北関東から南東北および九州中央部や八丈島や奄美・沖縄の一部などの地域，「東京アクセント（狭義）」地域，および鼻濁音地域を除く地域で，さらに語中・語尾のガ行に鼻濁音「ŋ」と標準的な発音としては語頭のみで用いられる「g」の両方の形が用いられている地域である可能性が高いことがわかった．そして，これらの特徴を総合して考えると，脅迫電話の犯人の出身地域は，「新潟県中部及び南部（佐渡島を含む），群馬県，埼玉県，千葉県南部及び愛知県である可能性が高いが，兵庫県北部，鳥取県東部，岡山県東部についてもその可能性を否定し難い」という鑑定が出された．被告人は，言語形成期を新潟県の佐渡島および新潟市で生活していたため，同地域のアクセントを身につけており，この鑑定結果と一致すると裁判所に判断された．

加えて，発音による地理的プロファイリングの事例を紹介したい．地理的プロファイリングとは，犯人が住んでいる地域を推定する分析である．イギリスのヨークシャーで1975年から1979年にかけて10人の女性に対する連続殺人事件が起

きていた．そして，この事件の犯人と名乗る人物から警察に送られてきた3通の手紙と1本のカセットテープについて，二人の言語学者が，カセットテープに録音された声の音声的特徴をもとに，その声の主の出身地をサンダーランドのサウスウィックかキャッスルタウン地域の出身者であると推測した．

1981年に，ピーター・サトクリフという男が，殺人犯として逮捕されたが，言語学者による鑑定の結果，真犯人とされたサトクリフの話し方にはサンダーランド地域の話者に観察される音韻的特徴がみられなかった．したがって，問題のカセットテープと手紙を送りつけてきた人物は，この殺人犯とは別だと主張していた．また，サトクリフ自身もカセットテープと手紙に関しては関与を否定していた．

2005年になって，ジョン・ハンブルという男が，この連続殺人に関わるカセットテープと手紙を警察に送った容疑で逮捕・起訴された．最終的な決め手となったのは，手紙の切手に付着していた唾液のDNAだったものの，ハンブルの出身地は，手紙とカセットテープが送られてきた当初，言語学者たちが予想したサウスウィックとキャッスルタウンから約500mしか離れていない地域だったのである．

このように，時として言語学の知見は，地理的プロファイリングや同一人物の判定において，非常に高い精度の分析を提供することができる．

2.2.3 ことばとパワー

話し方一つで陪審員による証言の評価が変わるものなのだろうか．その疑問に答えを出したのが，人類学者，法律家，社会心理学者，言語学者を擁したオバー (O'Barr 1982) らのチームの研究である．彼らは，法廷における話者の発言に対する信憑性や評価は，話し手および聞き手の社会的・心理的要因によって大きく左右されるかどうかを調査した．

オバーらの研究では，ノース・カロライナ州高等裁判所の刑事裁判を150時間以上にわたって観察し，同時に法廷上のやりとりをテープ録音したものを分析対象として用いた．そして，この観察・分析から導き出された仮説を確かめる実験を行った．

レイコフ (Lakoff 1975) によれば，「男女間で使用する語彙，意味，文構造，そして発音などに特徴的な違いがある」とされる．たとえば，女性は，very, so, awfully, terribly のような強調語の使用頻度が高い，率直な言い回しよりも丁寧な

言い回しを好む，文法的に正確に話そうとする，抑揚が大きいといった特徴があるといったものである．しかしオバーらの観察では，証言の場合には，確かに女性にそのような傾向がみられる場合もあるが，男性にも同様の傾向がみられる場合があり，医師などの社会的に地位や評価の高い証人ほどこの傾向が現れにくいということがわかった．つまり，「裁判における証言」という環境においては，証人の性別ではなく，「証人の社会的地位」対「裁判所」の関係によってこれらの傾向が表出するかどうかが決まるとオバーらは主張した．

　この結果をもとに，オバーらは，社会的に地位の高い人々に特徴的な話し方を「パワフル・スピーチ」，社会的に地位の低い人々に特徴的な話し方を「パワーレス・スピーチ」とし，同じ発話内容について，「パワフル・スピーチの男性」「パワーレス・スピーチの男性」「パワフル・スピーチの女性」「パワーレス・スピーチの女性」の四種類で録音し，被験者にそれらを聞かせ，証人とその証言に関して「（法的）対応能力」「好印象（度）」「信頼性」「説得力」などを被験者に評価させた．

　その結果，男女とも，相対的に「パワフル・スピーチ」の証人の方が「パワーレス・スピーチ」の証人よりもあらゆる面で評価がよい傾向があった．つまり，証人の「話し方」で，聞き手による証人および証言の評価が変わってしまうということである．

　また，被験者が大学生の場合は，「パワーレス・スピーチ」の男性の証言を最も低く評価し，被験者がロースクールの学生の場合は，「パワフル・スピーチ」の女性の証言を最も高く評価した．パワフル・スピーチが社会的にもともと男性に期待されている話し方で，パワーレス・スピーチがもともと女性に期待されている話し方だとすると，証人がそれぞれ性別に期待されている話し方の特徴と逆の特徴をみせている場合に，被験者による証人の評価がより強い影響を受けることがわかった．

　オバーらは，また別の実験で，証人の話し方を，(1)「パワフル・スピーチ」と「パワーレス・スピーチ」，(2)「叙述的」（証人自らが自発的に話しをする形式）な話し方と「断片的」（弁護人，検事の質問に対して回答する形式等）な話し方，および (3) 同時に発言してしまった場合に，片方の話者が「強引に続ける」場合と「相手に譲る」場合の3種類に分けてみた．被験者達には，証人の（法的）対応能力，信頼性，好感度に加えて，弁護士の質，知性，公正さ，手腕などの評価も行なわせた．

結果，被験者には，証人が自由に話す叙述的な証言の方が，限定された質問に答える形式の断片的な証言よりも，弁護人や検事によるコントロールを受けていなく，信用度も高いと感じられる傾向があった．また，弁護人に自由に証言させてもらえない場合，男性の証人は信頼性と対応能力の評価が下がり，女性の証人は逆に評価が上がるという傾向があった．

オバーらの，同時発言に関する実験では，まったく同時発言の発生しないものと弁護士・検事が自分の発言を強引に続ける程度の違うものを3種類の計4種類用意し，それぞれ被験者に聞かせ，証人と弁護人，および被告人に関する質問を行なった．結果，同時発言が発生していない場合に比べ，同時発言が発生した場合の方が，裁判が弁護人によってコントロールされていないという印象を被験者は受ける傾向があった．また，同時発言が発生した際に弁護人が強引に発言を続けた場合には，弁護人の知性の評価，証人に対する公平さの評価が低くなる傾向がみられた．

さらに，被験者の性別によっても受け止め方の大きな違いがみられ，弁護士が発言を強引に続けた場合には，女性の被験者は，弁護士の手腕，証人の対応能力，印象を低めに評価する一方，男性の被験者は，弁護士の手腕，証人の対応能力，印象を高めに評価する傾向があった．オバーらは，この結果を，女性の被験者が証人と弁護士および被告の対人間の関係を重視するのに対し，男性の被験者は発言のぶつかりあいの結果や成果に関心があることが原因になっていると考えた．

これらの実験結果が示すように，証言の信頼性は，証言の言語的要因および社会心理学的要因によって大きく影響される．しかし，実際に行なわれている裁判では，証言の信頼性が言語などの要因によってどれほど影響されるかはほとんど考慮されない．公正な裁判を実現するに当たって，このような要因を法の実務家たちが，もっと積極的に検討すべき必要があることはいうまでもないだろう．また，同時に，学者たちがこういった研究を蓄積し，法実務家たちに向けてより積極的に発信していくことも重要である．

2.2.4 心理言語学

前項では，話者の性別や話し方などの言語的要因によって，聞き手の話し手の評価に影響があるということをみたが，どのような表現を用いるかということも，聞き手の記憶や判断に影響を与える場合がある．

ロフタスとパーマー（Loftus and Palmer 1974）は，150人の被験者に自動車接

2.2 実際の分析例

表 2.2 動詞の違いによる平均速度の差異

動詞	平均速度（マイル / 時間）
smashed	40.8
collided	39.3
bumped	38.1
hit	34.0
contacted	31.8

触事故の映像をみせ，その事故の詳細について質問をするという実験をした．質問群の中に，About how fast were the cars going when they ＿＿＿＿＿ each other?（それらの車は衝突した際に，どれくらいの速さで走っていましたか？）という文の空白になっている部分に被験者のグループごとに *smashed* into/*collided*/*bumped*/*hit*/*contacted* という動詞がそれぞれ入った質問が入っていた．動詞のニュアンスによって，被験者の記憶や判断に影響があるかどうかを調べるためである．

このような速度の目測は，判断のゆれが大きいことが一般的に知られている．しかし，ロフタスらの実験結果では，平均速度で以下のように違いが出た（表2.2）．

この表をみると，たとえば，*smashed* を用いて尋ねられた被験者たちと *contacted* を用いて尋ねられた被験者たちとの間では，時速 9 マイル（約時速 14.5km）もの違いがある．明らかに使用する動詞によって判断に影響が出ているのがわかる．

このような差異が生じるのは，*smash*（「激突する」）という動詞が，*contact*（「接触する」）や *hit*（「当たる」）という動詞よりも激しい衝突のイメージがあるからだと考えられる．これは，その表現のニュアンスにより，印象が激しい衝突があったことが前提になってしまい，車が走っていた速度も速かったと被験者は思ってしまったわけである．日本語でも，たとえば「ぶつかる」や「接触する」などの動詞よりも，「激突」という動詞の方が，激しい衝突の含意があるので，そういった違いから類推してみるとわかりやすいであろう．

さらに，ロフタスらは，150 人の被験者たちに対して，交通事故の映像をみせ，先ほどの実験と同様，About how fast were the cars going when they *smashed* into / *hit* each other?（それらの車は激突した / 当たった際に，どれくらいの速さで走っていましたか？）のような質問を混ぜ，一週間経ったあとで，"Did you see any broken glass?"（「ガラスは割れたりしてましたか？」）と尋ねる実験を行なった．

結果，事前に，smash（激突する）という表現で質問された被験者たちは，hit（あたる）という表現で質問された被験者たちの2倍以上の確率で"yes"と答えた．しかし，実際にはガラスは破損していなかったのである．

　被験者たちが，映像の中に映っておらず，みてもいなかったものをみたと思い込んでしまったのは，映像をみた直後に与えられた質問に用いられた動詞がもっている「前提」のせいである．smash into「激突する」は，激しい衝突を意味する表現である．したがって，この表現を用いて質問された被験者は，激しい接触事故であったという印象を事後的にすり込まれてしまい，激しい衝突があれば通常はガラスが割れるという一般常識的な知識も手伝って，ガラスが割れていたと勘違いしてしまったのである．

　このように，後から与えられた情報によって，被験者が影響を受けることを事後情報効果という．また，ことばの使い方で，被験者にこういった影響が出てしまうことを語法効果という．

　このように，質問の中の言語表現を変えただけで，人間の印象，判断，記憶は変えられてしまう．本項で紹介した事例は，印象を変えたり，記憶にないものを記憶の中に作り出す例であったが，ほかにも，評価や判断に影響を与えることば使いの実験がある．

　目撃証言が，言語表現による一種の「操作」に脆弱であるならば，裁判員や陪審員のような一般市民が法的判断に参加する裁判では，目撃者の証言を最重要視するという傾向があるという（Levi 1986）傾向に照らして考えた場合，公正な裁判を行なううえで大きな問題をはらむ．

2.2.5　商標の分析

　商標というのは，「佐川急便」や「iPod」のように，サービスや商品につけられた名前のことである．商標では，ことばが重要な役割を果たす．たとえば，「佐川急便」という言語表現をみれば，それが即座にどこの業者が提供しているサービスかがわかるのは，ことばの働きに他ならない．ことばに関わるからには，言語学の知見を活用することができる．

　商標は，商標に使用されている言語表現に法的権利や使用制限が発生する点，その法的権利や使用制限によって表現の自由との問題に関わる点，そして，国語や公用語を決める国家機関ではなく，司法が，裁判所の判断や法律を通して一種の言語政策を独自に行なっているという点で興味深い．

2.2 実際の分析例

　言語学者が関わる商標の分析で最も典型的なのは，特定の商標と第三者の商標が，商品やサービスを必要としている人たちが混同するほどに似ているか，商標に使用されている言語表現が一般的な表現かどうかなどの商標に用いられている言語表現の認知や意味の検討である．ここでは，商標の混同について，シャイ (Shuy 2002)で紹介されている事例をみていく．

　商標が商標として成立し，法的保護を得るためには，「識別力」がなくてはならない．識別力とは，簡単にいえば，ある商標と別の商標を区別させる力である．たとえば，清涼飲料水に Pepsi Cola を求めている消費者が，Pepsi Cola という商標が付されている製品をみれば，それを手がかりとして，数ある清涼飲料水の中から Pepsi Cola を選ぶことができるのは，Pepsi Cola という商標が識別力を有しているからである．一方，Cola とだけ付されている製品をみても，当該消費者は，求めている Pepsi Cola を選び出すことはできない．Cola という言語表現だけでは識別力がないためである．

　また，識別力のない，一般的な表現の排他的使用を法によって認めてしまうのも，商標権者以外の人々の表現の自由を脅かすことになるため好ましくない．かつて，日本でも，「阪神優勝」という言語表現の商標登録が話題になったことがあったが，この表現の排他的使用を特定の者に認めてしまうのは，社会全体に不利益があることは明白であろう．したがって，識別力のない商標に用いられている言語表現は，法的権利が認められない．

　識別力について，もう少しだけ詳しくみてみよう．商標は，その識別力および言語表現と指示対象との関係から，おおむね表 2.3 のように区分される．

　「普通名称的」というのは，指示対象の一般的な呼び方のことである．「車」という指示対象に，「CAR（車）」という言語表現を商標としても，ごく一般的な呼び方すぎて，識別力は生じず，特定の車種を指すことはできない．

　「記述的」というのは，「パン」という指示対象に，「TASTY BREAD（おいしいパン）」のような，当該製品の特性や成分に関する一般的な表現でただ記述したも

表 2.3　商標の識別力スペクトラム (Shuy 2002)

普通名称的	記述的	暗示的	恣意的	独創的
一般的な呼称	特性，成分に言及	特性，成分を暗示	商品との関連性が薄い語	完全な造語
CAR	TASTY BREAD	STRONGHOLD	APPLE	KODAK
車	パン	ネイル関連製品	パソコン	写真用品

のも，識別力は弱く，商標権は与えられにくい（「おいしい水」や「おいしい牛乳」といった製品も日本で販売されていると思われるかもしれないが，実はこれらは，「六甲のおいしい水」や「明治のおいしい牛乳」のように，「○○の」という表現と共に用いられることで，識別力を得ている）．

「暗示的」というのは，商品の特徴や性質を暗に示すタイプの表現で，「ネイル関連商品」という指示対象について「STRONG HOLD（長持ち）」という名称を用いるタイプの商標である．これらは，識別力については，ちょうど中間的であり，事例ごとに判断されるタイプのものである．

「恣意的」というのは，指示対象とは関連の薄い言語表現を使用するものであり，たとえば，「パソコン関連商品」について，「APPLE」という商標を用いるような場合である．これは，一般的に，強めの識別力を有する．

「独創的」というのは，指示対象に，完全なる造語を使用するもので，その指示対象に対して唯一無二の言語表現となるため，強い識別力を有する．たとえば，「写真関連製品」に対して，「KODAK」という名称を用いるような場合である．

言語学の考え方でいくと，これらの名前と対象の関係は簡単に，的確にとらえることができる．グライス（Grice 1975）の「協調の原理」を用いて考えてみたい．協調の原理とは，会話参与者が意思疎通を行なうためにお互いに前提としている原則である．協調の原理は，量，質，関連性，様態の四つの公理（格率，公準とも呼ぶ）からなる．

　量の公理は，情報は多からず，少なからず与えよというルールである．
　質の公理は，嘘だとわかっていることをいうな，というルールである．
　関連の公理は，話題に関係のない話をするなというルールである．
　様態の公理は，わかりやすく，完結に，順序立てて話せというルールである．

これらの公理が意図的に破られると，聞き手は，話し手の意図（違反の理由）が何なのかを考え始める．発された言語表現に，何か，裏の意味や別の意図があるのではないかと考えるのである．たとえば，「何時？」と聞いて，相手が「オヤジ」と答えれば，この返答は質の公理の違反になり，相手が冗談をいおうとしているとわかる．

商標において，名前と指示対象の間には，通常，上記の協調の原理の公理の違反がみられる（堀田 2010）．たとえば，上掲のスペクトラムでいえば，暗示的名称の例で，ネイル関連商品に対して，STRONG HOLD という名称を用いるのは，製品の性質を示しているものの，直接的にネイル関連商品のことを言及しておら

ず，対象が明確でないことから，様態の公理の違反が生じているといえる．同様に，恣意的名称の例で，パソコン関連製品に APPLE という名称を用いるのは，指示対象と名称に直接的な関連はないので，関連性の公理の違反が生じている．

協調の原理の公理の違反が生じる理由としては，識別力を創出するために，名称と指示対象の間に一般的ではない関係を生み出す必要があるためである．両者の間に一般的な関係がある，「普通名称的」「記述的」名称は，商標の識別力はない．協調の原理の違反を生じさせることにより，名称と指示対象の間にほかにはない唯一無二の関係を創出しようとしているのである．

グライスの協調の原理以外にも，商標の言語学的分析には，さまざまな知見が応用できる．たとえば，ネブラスカ州のコンアグラ社（ConAgra Inc.）とミネソタ州のホーメル社（Hormell & Company）による冷凍食品の名称に関する争い（Shuy 2002）をみてみたい．コンアグラ社は，自社の製品に Healthy Choice という名称を使用して販売していた．一方，ホーメル社は，Health Selections という名称を使用して製品を販売していた．コンアグラ社は，ホーメル社が意図的にコンアグラ社の製品名を模倣し，出所の混同を招いているとして訴訟を起こした．

文法的な観点から，品詞については，Healthy Choice は形容詞と名詞の組み合わせ，Health Selections は名詞と名詞の組合せである点で，両者には一語目の品詞の違いがあるとわかる．

音に関していえば，これらの表現を発音記号で表すと，それぞれ [hɛlθi tʃɔɪs]，[hɛlθ səlɛkʃənz] となる．両者は，音素の数が違うため単純に比較するは不可能だが，少なくとも 13 の音素のうち九つが，すなわち約 69% が相違している．さらに，それぞれの音の性質を厳密に分解する「弁別素性」と呼ばれる指標を使って，これらの表現を詳細に分析すると，（紙面に限りがあるため，結果だけ述べるが）これらの名称に表れている音韻的特徴は 228 にも上り，そのうち 89% が両者の間で相違している．

意味の類似度についても検討が行われた．ここでは，とくに choice と selection (s) の同義性が調べられた．

(3) a. The choice is yours.（行為者：聞き手）
    b. The selection is yours.（行為者：聞き手以外）

(2a) では，choice という表現は，「選択する」という行為が，聞き手によって行なわれるということを含意するのに対し，(2b) で，selection という表現は，「選択する」という行為は聞き手以外の誰かによって行なわれたことを含意する．そ

うすると，Healthy Choice と Health Selections の対比においても同様に，前者は，「あなた（消費者）が選ぶ健康によい食品」であるのに対し，後者は，「私たち（製造者）が選りすぐった健康によい食品」というニュアンスになる．

以上，ごく簡単にこの商標裁判で用いられた言語学的分析の一部をみた．実際には，原告側にも言語学者が専門家証人として参加していたため，非常に多くの言語学的知見に基づく検証が行なわれた．また，本裁判では，データベースを使って，一般的にどれくらいの頻度でこれらの語が用いられているかなどの調査も行なわれた．商標の類否をめぐる裁判においては，表現の一般性はしばしば争点となる．当該表現が一般的に使われていればいるほど，自由に使用してよいからである．

最終的に，この裁判では，原告コンアグラ社側の言語学者の分析よりも被告ホーメル社側の言語学者の鑑定が高く評価され，両者の名称の類似性は認められず，原告コンアグラ社側が敗訴した．コンアグラ社側は控訴したが，高裁は一審の判決を支持し，棄却した．

まとめ

法と言語の研究には，必ずしも法学的知識が必要なわけではない．むしろ，言語学者による法と言語研究の大半は，法学に関する知識を前提としないものが多いといえる．大切なのは，言語を分析する知識や技術と，法に関わるどのような現象を，どのような角度から分析していくかという発想である．

言語学の立場から法と言語の研究を行なっていくのに当たって，言語学のこれを勉強していなければならないという分野はない．研究対象や研究目的によって，必要となる言語学の知識が異なるからだ．たとえば，脅迫や契約の分析であれば，発話行為論などの語用論や意味論，統語論などが関わってくるであろうし，商標であれば，形態論，語用論，語彙意味論，統語論，コーパス言語学，心理言語学などの知見を利用した研究が存在する．文書分析であれば，統語論，形態論，文体論，コーパス言語学などの分野が有用に活用された例がある．法律文の解釈の問題であれば，意味論，統語論，コーパス言語学の知見がしばしば応用されている．電話口の話し手の同定であれば，音声学や音韻論，方言学の知見が活用された例がある．法廷コミュニケーションであれば，語用論，会話分析，意味論，異文化コミュニケーション，方言学，社会言語学，通訳論などの知見が活用できる．このように，ありとあらゆる言語学の分野が応用可能なのである．

また，自分がすでに持ち合わせている言語学の知見を応用できる法コンテクストの言語現象を探す場合もあるだろうし，先に法コンテクストの言語現象のデータがあり，それを分析するために必要な知見を同定して，新たに学びながら応用していくような場合もある．

　法と言語の研究は単に応用というだけでなく，言語学の基礎研究の発展にも寄与しうる．法という特殊なコンテクストだからこそみえてくる言語の性質や機能もあるだろう．それが，通常の言語と共通する性質や機能であることも，法というコンテクストに独特な性質や機能であることもあるだろう．

　狭義の法言語学では，言語学者は，辞書には記載されていないことばの性質，働き，意味などを明らかにしていく，ことばのツアーガイドである．ことばのメカニズムや働きに関する説明の専門家である言語学者の分析が，裁判官などの法的判断をする者たちの「助け」になることは疑いないであろうし，こういった法とことばの関係を一般市民がより強く意識することにより，これまでとは違った法と社会の形態が生まれてくるかもしれない．より多くの人々が法と言語という分野に関心をもってもらえることを願う．

🔍 より深く勉強したい人のために

- 橋内武・堀田秀吾（編）（2012）『法と言語—法言語学へのいざない』くろしお出版．
　　法と言語学の入門書．法と言語のさまざまな研究が紹介されているので，入門書としては最適であろう．
- Tiersma, P. M. and L.M. Splan（2012）*The Oxford Handbook for Language and Law*, Oxford: Oxford University Press.
　　少々難解な部分もあるが，世界中のさまざまな法と言語の研究が集められた包括的な書籍である．
- Coulthard, M. and A. Johnson（2007）*An Introduction to Forensic Linguistics. Language in Evidence*, London and New York: Routledge.
　　狭義の法言語学の入門書．証拠としての言語分析に関心がある読者におすすめ．
- 堀田秀吾（2010）『法コンテクストの言語理論』ひつじ書房．
　　言語学者による我が国初の法と言語の研究書．裁判員裁判，商標，法のクレオール，English for Specific Purposes などさまざまな法と言語の分析が展開されている．

📖 文 献

Gibbons, J.（2003）*Forensic Linguistics: An Introduction to Language in the Justice System.* Oxford:

Blackwell.
Grice, H. P. (1975) "Logic and Conversation," In Peter Cole and Jerry L. Morgan (eds.) *Syntax and Semantics*, Vol. 3, *Speech Acts*, 41–58, New York: Academic Press.
堀田秀吾 (2010)『法コンテクストの言語理論』ひつじ書房.
Lakoff, R. (1975) *Language and Woman's Place*, New York: Harper and Row.
Levi, J. N. (1986) "Applications of Linguistics to the Language of Legal Interactions," In P. C. Bjarkman and V. Raskin (eds.) *The Real-World Linguist: Linguistic Applications in the 1980s*, Norwood, New Jersey: Ablex, 230-265.
Levi, J. N. (1993) "Evaluating Jury Comprehension of Illinois Capital-Sentencing Instructions," *American Speech* **68**(1): 20-49.
Levi, J. N. and A. G. Walker (1990) *Language in the Judicial Process*, New York: Plenum Publishing Corporation.
Loftus, E. F. (1975) "Leading Questions and the Eyewitness Report," *Cognitive Psychology* **77**: 560-572.
Loftus, E. F. (1979) *Eyewitness Testimony*, Cambridge, MA: Harvard University Press.
Loftus, E. F. and G. Zanni (1975) "Eyewitness Testimony: The Influence of the Wording of a Question," *Bulletin of the Psychonomic Society* **5**: 86-88.
Loftus, E. F. and J. C. Palmer (1974) "Reconstruction of Automobile Destruction: An Example of the Interaction between Language and Memory," *Journal of Verbal Learning and Verbal Behavior* **13**: 585-589.
O'Barr, W. (1982 [1996]) *Linguistic Evidence: Language, Power and Strategy in the Courtroom*, New York: Academic Press.
Shaw, M. E. (1964) "Communication Networks," In L. Berkowitz (ed.) *Advances in Experimental Social Psychology* 1, New York: Academic Press, 111-147.
Shuy, R.W. (1993) *Language Crimes: The Use and Abuse of Language Evidence in the Courtroom*, Oxford: Blackwell, 44-51.
Shuy, R. W. (2002) *Linguistic Battles in Trademark Disputes*, New York: Palgrave.
Solan, L. M. (1998) "Linguistic Experts as Semantic Tour Guides," *Forensic Linguistics* **5**: 87-106.
Tiersma, P. M. (1993) "The Judge as Linguist," *Loyola of Los Angels Law Review* **27**: 269-283.

第3章　メディア翻訳の社会言語学
―ニュース・ディスコースにおける翻訳とイデオロギー―

坪井睦子

3.1　グローバル社会とメディア翻訳

　21世紀を迎え，私たちを取り巻く情報環境も，目をみはる勢いで変化を遂げている．情報革命という言葉に象徴されるように，それは取りも直さず衛星通信とインターネットに代表される情報・通信技術の革新と普及によるところが大きい．社会学者ギデンズ（Giddens, A.）は，「脱埋め込み」（disembedding）という概念を用いて，近代において個々の人間としての営みがそれまでのローカルなコンテクストに「埋め込まれていた」状態から解き放たれることによって，無限に拡大した空間，すなわち地球的な規模で社会関係が構築，強化されていく過程として「グローバル化」（globalization）を論じた（Giddens 1990）．国家や地域の境界を越え，人，モノ，サービスだけでなく，情報も瞬時に時空を超え行き交うグローバル社会の中で，現代の私たちは生きている．

　情報，中でも政治や外交，紛争などの時事的な問題に関するニュース，すなわち「ハード・ニュース」（hard news）と呼ばれるいわゆる硬いニュースや論評の世界的流通を主に担うメディアが，新聞・雑誌・テレビなどの従来型のマス・メディアである．2001年の9.11事件がアメリカの対テロ戦争の引き金となって以来，国際的な紛争や国際政治上の出来事，とりわけアフガニスタン，イラク，イラン，イスラエル，パレスチナなど中東関連のニュースには事欠かない日々である．ここ数年におけるIS（イスラーム国：Islamic State）に関わる一連のニュースやシリア内戦の惨状，難民問題を伝えるニュースは，その地から遠く離れた日本に住む人々にとっても記憶に新しいものだろう．

　専門的職業の組織体としてのマス・メディアを送り手とし，大量複製という手段を用いて不特定多数の受け手に情報を伝達するマス・コミュニケーションの最大の特徴は，何といってもその公開性，公共性にある．一方，インターネットの登場で，この状況にも変化が生じている．現在では，主要な新聞社，テレビ局，通信社などのメディア企業は，ネット上に自社のサイトをもち，同時にヤフーや

グーグルなどのポータルサイトにも記事を配信している．近年においては，アメリカのハフィントン・ポストのようなオンライン・メディアの活動も活発であり，インターネットと従来型のマス・メディアの機能や形態も収斂してきている．

このようにめまぐるしく変わる情報環境ではあるが，メディアを介した情報のグローバル化を考える際に忘れてはならないのが，言語の果たす役割である．もちろん情報伝達の手段は，言語記号によるものだけとは限らない．音や映像，写真などの非言語記号も効果的に活用される．しかし，言語記号が情報のやり取りにおいて基本となることに異議を唱えるものは少ないだろう．そして，グローバルなレベルで，言い換えると，異なる文化や言語の間で情報が行き交うとき，常に，そして必然的に翻訳という言語行為が多様な形で関与し，さまざまな役割を担うことになる．

国際ニュース報道に関わる翻訳，すなわちメディア翻訳（media translation）は，「翻訳-編集」（trans-editing）という用語に象徴されるように，ジャーナリズムに不可欠な編集作業と翻訳とが一体となった言語実践である（Bielsa and Bassnett 2009）．こうした事情が，報道における翻訳の介在を外からみえにくくしている大きな要因といわれる．メディア翻訳を主に担うのはジャーナリストであり，通常他の領域で翻訳・通訳を担う主体が翻訳・通訳の専門的訓練を受けた人々である状況とは大きく異なっている．このように翻訳が日常業務の一部となっているジャーナリストを表す言葉として，"journalator"（van Doorslaer 2012）という造語も生まれている．

現代のグローバル社会にあって，メディア翻訳はメディアの存在と表象に深く関わる実践であるとともに，通常の翻訳の概念ではとらえきれない複雑な側面をもつ．しかしながら，メディア翻訳も，言語を使った実践（言語使用，語用）であることには変わりなく，言語使用，語用である限り，社会や文化と不可避的に結びついている．つまり，翻訳とは社会，文化，歴史的コンテクストとの相互作用の中で生起する社会的言語実践である．

本章では，私たちに身近なメディアの談話（ディスコース，discourse），その中でも特に新聞記事における「引用」（quotation）に注目し，言語行為としてのメディア翻訳の諸相についてイデオロギーの視点から探ってみることにしたい．引用は，ジャーナリズムの規範としての報道の客観性を支えるとともに，ニュースの臨場感を創出するうえで欠かせない要素である．客観性が重視されるハード・ニュースではなおさらである．一方で，上記のように外からはみえにくい翻訳の

介在が可視化される箇所でもある．もとの発話が確認できれば原発話と翻訳された引用文とを比較対照することができ，メディアにおける翻訳という言語行為を探求する糸口となりうるものである．

　なお，メディア翻訳という用語自体は，メディアに関わる翻訳を総称する語であり，新聞の記事やテレビのニュースを始めとする報道分野から映画・ドラマ・演劇・音楽・ゲームソフトなどの娯楽や芸術分野に及ぶ幅広い領域に関わる翻訳を指すものである（坪井 2013）．しかし，メディアという語が一般的にマス・メディアを指して使用されている現状を踏まえ，ここではこの用語を国際ニュースに関わる翻訳に限定して使用する．

3.2　国際ニュースにおける翻訳の介在

　マス・メディアの翻訳と聞いて人々がまず思い浮かべるのは，NHK の定時のニュースにおける二か国語放送や BS 衛星放送の各国語ニュースで行なわれている放送通訳かもしれない．これらは，通常，字幕やヴォイスオーヴァー（もとになるニュースの地の声に翻訳・通訳したニュースの声をかぶせるもの）という形をとり，明らかに翻訳が行なわれていることがわかるものである．これに対し，新聞記事や通常のニュース番組における翻訳の介在といわれても実感がないというのが多くの読者・視聴者の率直な印象ではなかろうか．そこで，まずある事件のニュースを例として考えてみることとしよう．その事件が起こったのは，2014 年 9 月 24 日の朝のことである．この日，日本の主要全国紙の第一面を飾ったのは，アメリカがシリアで空爆を開始したというニュースであった．以下は『毎日新聞』朝刊の記事「米，シリアで空爆 対イスラム国 中東 5 カ国も参加」である．(1) はリード，(2) と (3) は本文箇所の記述である．

(1)　米軍は 22 日夜（日本時間 23 日午前），シリア領内のイスラム教スンニ派過激派組織「イスラム国」の拠点などを空爆したと発表した．作戦にはサウジアラビアなど中東 5 カ国も参加．国連安保理決議を経ず，シリア政府との事前調整も行わないまま，有志国連合方式での軍事行動に踏み切った．米軍は今年 8 月からイラク領内で空爆を始めたが，シリアでの空爆は初めて．戦闘機や巡航ミサイル「トマホーク」などを使い，イスラム国の拠点ラッカなどで 14 回の攻撃を実施した．オバマ米大統領の<u>「テロとの戦い」</u>は質量ともに新たな転換点を迎えた．［下線筆者］

(2) オバマ大統領は23日,シリア領内でのイスラム国への空爆開始についてホワイトハウスで声明を発表し,「テロリストにとって安心できる場所はどこにもない」と指摘.サウジアラビアなど中東5カ国と連携したことに触れ,「米国は単独で戦っているわけではない」と強調した.［下線筆者］

(3) アサド政権は声明で米国や中東5カ国を非難せず,「今後もイスラム国の被害に遭っている国とともに戦う」として空爆を事実上容認する姿勢を見せた.［下線筆者］

この日は,『毎日新聞』だけでなく『朝日新聞』,『読売新聞』も,上記とほぼ同様のタイトルやリード,本文構成でこの事件を伝えている.おのおの多少の表現の違いはあるが,オバマ大統領の発話を直接引用（direct quotation）の形で挿入している.

何気なく読んでいるだけでは見落としてしまうが,上記の下線部はもちろんこの記事を書いた記者の発した言葉ではなく,オバマ大統領とシリアのアサド政権の誰かの発話である.日本の新聞に限らず,各国の国際ニュースでは,外国の政治家の発言を引用する場合でも,原発話がどの言語で話されたかは明記されることは少なく,それが翻訳であることが言及されることもまずない（Schäffner and Bassnett 2010）.それでも,私たちは括弧で括られた日本語をオバマ大統領やシリア高官の言葉として理解する.少し考えてみると,これは不思議なことである.なぜならば,これらは彼らの言葉そのものではないからである.引用は,ニュースの信憑性を支える重要な役割を担うものであり,そのためニュース記事における引用,とりわけ直接引用には非常に厳しい制限が設けられており,誰の発話かを明示することが不可欠とされるともに,基本的に一語一句変えてはならないとされる（Cappon 1999）.翻訳を行なう際は,原文の語や句は訳出先の言語においてそれぞれに対応する言葉に移し替えられ,さらに訳出先の言語構造の規則に則って適切とされる語順に変えられる.これだけを考えても決して発話者の言葉そのものではない.それでも私たちは括弧で括られた日本語をオバマ大統領,シリア政権の誰かの言葉として疑うこともない.メディアの談話では原発話と引用文,さらにその翻訳文は「等価」（equivalent）であることが前提となっているのである.

他方,なぜ主要全国紙の記事が前述のように互いに類似した内容になるのかを考えると,メディア翻訳に関し考慮すべき重要な点がもう一つ浮かび上がってくる.各新聞記事の間のこの類似性の背景には,情報源がほぼ同じであるという現

実がある．つまり，現在，世界のニュースの配信を事実上支配しているのは国際通信社3社（AP, AFP, ロイター）であり，フランスのAFPも含めこれらの通信社が主に英語で発信する情報やその情報をもとに欧米主要メディアが産出するニュースが世界に流布する．世界各地域ではそれらをもとに，情報の選択や編集，翻訳を経てニュースの談話ができあがるというしくみになっている．つまり，情報のグローバル化の中心に基軸言語としての英語があり，英語で語られたニュースがさらに各国語へと翻訳されて（ローカル化されて）私たちのもとに届く．したがって，英語で配信される国際通信社の記事をもとに日本語の記事が作成される過程においては，直接引用箇所はもちろんのこと，その他の箇所も通信社の情報を間接引用（indirect quotation）したものとなっている．国際ニュース報道では，記事全部といわないまでもその大部分が引用と翻訳からなりたっていることもめずらしくないのである．

3.3　引用／伝えられた発話／翻訳

クリステヴァ（Kristeva, J.）は，バフチン（Bakhtin, M.）による「対話」「ポリフォニー（多声性）」の概念から着想を得て，複数のテクスト間の相互依存関係を「間テクスト性」（intertextuality）という用語・概念で表し，あらゆるテクストは何らかの意味で他のテクストを吸収，変形させた引用のモザイクから構築されていると述べた（Kristeva 1969）．メディアの談話も，その意味で，テクスト全体が引用のモザイクからなっている．引用は，誰かがいったこと，つまり誰かの言語使用（語用）を話し手（言語使用者）が再現する，指標するという言語使用（語用）であるから，引用とは語用についての語用であり，メタ語用的発話の一種といえる（小山 2009, Silverstein 1993）．

この「メタ語用」（metapragmatics）の概念は，ベイトソンの「メタ・コミュニケーション」（Bateson 2000［1972］），ヴォロシノフの「伝えられた発話」（reported speech）（Vološinov 1973［1929］）に非常に類似した概念であり，ヤコブソン（Jakobson, R.）を経て言語人類学者シルヴァスティン（Silverstein, M）によって再構成されたものである．ヤコブソンは，翻訳について考察した論考において，翻訳もまた「引用」同様に「伝えられた発話」であることに言及しており（Jakobson 2004［1959］），この考えは翻訳研究者ヘルマンズ（Hermans, T.）に継承されている．翻訳もまた誰かが以前話したことを，別の誰か（翻訳者）が再現すると

いう「伝えられた発話」であり，翻訳に特徴的なのはそれが同じ言語間ではなく，ある言語から他の言語への転移を伴って行なわれることである (Hermans 2007)．したがって，メディア談話における引用の翻訳は，必然的に複数の声をもつことになる．すなわち，少なくとも，引用されている声（伝えられる声，翻訳される声）と引用する主体の声（伝えている声，翻訳する主体の声）の存在が示唆される．

　ここで，前節で取り上げたニュース記事に戻って考えてみよう．先の例文 (2) (3) で引用された人々は，実際にどの言語でどのように語ったのだろうか．残念ながらアサド政権の人物の発話については明らかにされていないが，9 月 23 日付ロイターの記事 "Obama says fight against Islamic State not America's alone" で，オバマ大統領は以下のように話したとある．

(4) "Once again, it must be clear to anyone who would plot against America and do Americans harm that we will not tolerate safe havens for terrorists who threaten our people," Obama said before leaving the White House for the United Nations in New York. (…)

"America is proud to stand shoulder to shoulder with these nations on behalf of our common security," he said. "The strength of this coalition makes it clear to the world that this not America's fight alone."［下線筆者］

(4) の英文における下線部は，(2) の日本語テクスト内の下線部に対応する箇所である．(2) と (4) を対照させてみると，(2) の日本語によるオバマ大統領の発話は実際の発話の前後が相当省略されている．英語による発話のコンテクスト的要素が省かれながら，翻訳された大統領の発話が日本語のニュースに埋め込まれている．オバマ大統領が英語で語ったとされる "we will not tolerate safe havens for terrorists who threaten our people" と，日本語訳の「テロリストにとって安心できる場所はどこにもない」の間では，一見するといわれていることの意味についてはほとんど差異がないようにみえるかもしれない．しかし，よく注意してみると，オバマ大統領の英語による発話では，terrorists who threaten our people となっており，この発話が our people すなわちアメリカ国民にあてたものであることがわかる．つまりこの発話は，アメリカの大統領としてアメリカ国民に向けてイスラーム国に対する空爆を決断した自らとアメリカ政府の正当性を強く訴えるものなのである．

　一方，(1) のリードにおいて述べられているオバマ大統領による「テロとの戦

い」というのも，すぐにはわかりにくいが，もともとは2001年の同時多発テロ直後にブッシュ前大統領がアメリカ国民に向けた演説の中で使った"the war against terrorism"（The White House 2001）からの引用の翻訳である．"the war against terrorism"は，その後"the war on terror"または"the war on terrorism"とも呼ばれようになり，9.11以降のアメリカの対外政策を象徴するものとなっている．ホワイトハウスでのアメリカ大統領の声明は，即座に全世界に報道されるものであり，オバマ大統領もその点を十分念頭にいれていると考えられる．しかし，これらの発話が，9.11以降のアメリカの対外戦略を自明の前提としてアメリカ国民へ自らの軍事行動の正当性を主張するものである点を見逃してはならないであろう．これに対し，引用され日本語に翻訳された発話は，アメリカ国民向けというより全世界に向けてのオバマ大統領のメッセージと読み取れないであろうか．

　社会学者ゴフマン（Goffman, E）は，話し手の役割について，メッセージを相互行為の参与者に向けて発声する「発声体」（animator），メッセージの内容・表現の作成に携わる「作者」（author），そのメッセージの内容・表現に責任をもつ「発話責任者」（principal）に分類し考察した（Goffman 1981）．報道における引用や翻訳では，通常引用や翻訳を行なう主体（ジャーナリスト）は，発声体に徹することが求められるし，視聴者・読者も発声体と思うからこそその引用がどのような言葉に訳されても原発話そのものだと信じて疑わない．しかし，上記の引用の翻訳からは，引用・翻訳する主体であるジャーナリストが作者の役割も担っていることが示唆され，ジャーナリストの声が，本人の意図の有無にかかわらず刻み込まれていることがわかるであろう．

　言語使用，語用には二つの側面・機能がある．すなわち，何かについて何かをいうという「言及指示的機能」（referential function）と，そのようにいうことによって言語使用者の社会的帰属，アイデンティティ，力関係，イデオロギー，信念などを指標する「社会指標的機能」（socio-indexical function）である（小山2008）．後者は，発話が行なわれているコンテクストに強く依存しており，通常そのコンテクストを共有していないとその意味を理解することが難しい．それだけでなく，前者と違って言語的に明示化されないために，人々の意識に上りにくい．反対に，人々の意識が向きやすいのは，言語的に明示化されている前者，それも容易に意識化できるような言語構造や言語使用であり，特に，音素や語彙などに意識が集中する．その結果，往々にしてコンテクスト的，語用論的，社会言語学的多様性は意識から捨象される（小山2011）．このことは，引用，翻訳などのメ

タ語用的行為においては，もとの発話（引用における原発話や翻訳における原文）のもつ社会指標的要素は，しばしば漏れ落ちる傾向にあることを示唆する．言い換えると，語用においてコンテクスト依存性の高い，したがって社会指標的な要素こそ，翻訳が難しいということになる（坪井 2016）．それだけでなく，引用・翻訳という語用においては，引用・翻訳する主体の解釈を通して，引用・翻訳文に言語使用者自らの声が反映されることになる．

3.4 メディア翻訳とイデオロギー

普段は気づきにくいメディア翻訳も，以上のように引用箇所に注目してみるとその介在の一端が明らかとなる．さらに，原発話と引用・翻訳された発話は同じものであるという私たちの一般的な想定，すなわち翻訳の等価性という前提とは異なり，その間には度々ずれが生じていることがみえてくる．

　それでは，原発話と引用・翻訳された発話の間のずれを生じさせたり，そのずれをみえにくくしているものは何だろうか．そこに想定されるのが，言語使用者のイデオロギーである．ここで言う「イデオロギー」(ideology)とは，私たちが日常において，物事を解釈する際の枠組み，あるいは前提となる考え方，意味づけの基本的パターンを指す（Verschueren 2011）．イデオロギーは通常，その社会では当たり前であり，規範的であるために，疑問視されることなく，言語使用を通して維持され再生産される．

　イデオロギーのうち，言語使用に関わるものとしては，少なくとも相互に関連しあう以下の三つが考えられる．一つめは，コミュニケーションに関する考え，すなわちコミュニケーション・イデオロギーである．たとえば，コミュニケーションについての最も一般的な見方である「コミュニケーションとは情報伝達だ」という考えに典型的に表れており，このイデオロギーにより報道の客観性や翻訳の等価性という通念が支えられている．メディア翻訳の社会行為性をみえにくくしている一つの要因が，この情報伝達型コミュニケーション・イデオロギーであることはここまでの議論でも明らかだろう．

　二つめは，言語イデオロギー（linguistic ideology; language ideology）と呼ばれるもので，言語に関する私たちの意識・考えである．つまり，私たちが言語についてもっている態度や意見，信条，理論である（Ahearn 2012）とも言い換えられる．その典型は，言葉でいわれたことこそ言葉の意味だという考えである．言語

に関しては，日常の私たちの言語生活の中で意識に上りやすいものと，意識に上りにくいものがある．意識に上りやすいものとしては，①分節可能なまとまりをもった連続体として現れること，②言及指示的であること，③前提的に機能するユニットであることという特徴があげられる（小山 2011）．特に，語彙（単語）は，上記の①を満たし，②の具体的な内容，言及指示的な意味を担うため，③言語からあたかも独立した現実や世界を前提的に指標するものとして機能する．ニュースでいえば見出しやリードに現れるようなテーマは，語彙を使って明示的に繰り返し語られるため特に意識に上りやすい．その結果，私たちの意識は言及指示的に明示化されたものこそ言葉の意味だと認識しやすく，言葉に明示化されないコンテクスト的・語用論的・社会言語学的多様性を示す社会指標的側面をとらえ損ねる結果となる．

三つ目は，文化についてのとらえ方，すなわち文化イデオロギーである．言語が文化と深く結びついていることを考えれば，文化イデオロギーが言語と関わることも容易に理解できよう．文化イデオロギーは，語彙に典型的に表れる社会・文化的な意味である「文化的ステレオタイプ」（cultural stereotype）（Putnam 1975）と呼ばれるような語用共同体などの特定の文化・社会集団で共有されている象徴的知識や概念，すなわち「文化的意味」についての考え・解釈である．メディア翻訳との関連でいえばジャーナリストを始めとする言語使用者の視点を左右する社会・文化に関する解釈の前提となるイデオロギーである．

近年ようやく，言語，メディア，社会の関係に関心が高まりつつあり，特にメディアが政治や社会と深く関わることから，メディアの談話を権力関係やイデオロギーとの関連から探求する研究が進展を見せている（岡部 2009）．中でも，批判的談話分析（critical discourse analysis: CDA）の立場から，話し言葉，書き言葉の言語使用，とくに社会的影響力の強い新聞やテレビニュース等の公的談話に埋め込まれ，それゆえに当たり前で自然なものとなっているイデオロギーや権力関係に焦点を当て，それが談話を通して生産・再生産される諸相が探求されてきた（e.g. Bell and Garrett 1998, Fairclough 1995, van Dijk 1988）．ある現実，出来事が話されたり，書かれたりするやり方が，イデオロギーに基づいてパターン化され，自然化されていると考え，それを「問題」として取り上げる姿勢，アプローチの仕方が，CDA における "critical"（批判的）が意味するところである．メディア翻訳もまた国際ニュースというメディアの談話の生成に関わる以上，その実践に携わる人々（ジャーナリストや翻訳者）のイデオロギーや権力関係と無縁では

ない.

　話されたことであれ,書かれたことであれ,世界について言語を使って表現されたものは,ある特定のイデオロギーを含んだものである.'one man's suicide bomber is another man's mass murderer and some poor woman's dead son or daughter'(Pape and Featherstone 2005: 49)といわれるように,視点が変わると同じ目の前の出来事でも,まったく異なる現実となる.ある人にとっての自爆者が,他の人にとっては大量殺戮者,または,ある貧しい女性の死んだ子供ということになるし,視点のとり方で suicide bomber の翻訳も,「自爆者」「爆弾自殺者」「自爆犯」など多様な選択となって表れる.

　ニュースの記事は,通常逆ピラミッド型の構成であるとよくいわれる.ベル(Bell 1991)はニュース記事の基本的な形は,ナラティヴ(narrative)の一形態としてのストーリー(story)であるとし,その中核は「物語性」(narrativity)であり,ニュース・ストーリーはナラティヴとしての構造,順序,視点,価値観をもつと述べる.実際,ニュースのストーリーは,通常,見出し,リード,主たる出来事,その出来事の背景,その出来事の成り行きと結果,そしてその出来事に対する論評という順序で展開する(van Dijk 1988).内容を表すテーマは,談話全体の一貫性を規定する談話の最も重要な部分であり,通常見出しやリードに現れる.見出しとリードで示されたテーマの一貫性を支えるのがナラティヴとしての構造である.

　ベーカー(Baker 2006)は,特に紛争や対立を醸成するナラティヴの産出に翻訳が大きな役割を果たすと指摘したうえで,翻訳の仕方でそのナラティヴが強調されたり,弱められたりすると述べる.世界の諸地域で展開する暴力を伴う紛争(violent conflict)を"war"という言葉を使って訳すか,"civil war"あるいは"terrorist acts""guerrilla warfare"と訳すかというような場合では,明らかに解釈の枠組みが異なる.英語から日本語に訳す場合も同様である.「戦争」か「内戦」「テロ活動」「ゲリラ戦」かでは,そもそもその出来事を解釈する前提,視点が異なる.

　以上のように,メディアが意識的にせよ無意識的にせよ,言葉を使って構築する談話には,言語使用者としてのジャーナリストの視点,解釈の枠組み,信条,規範,言い換えるとイデオロギーが反映される.それは,誰かの発話の引用を翻訳する場合でも不可避的に起こる.イデオロギーは感覚的にはとらえにくいものであるが,具体的な社会的現実の中で書いたり話したりする言語使用の場におい

て繰り返し立ち現れる．ニュースの物語性は，ニュースのテーマに関わるジャーナリストの視点と，テーマの一貫性を軸に，引用などが効果的に活用されることで構築，維持されると考えられる．

3.5　中東報道とメディア翻訳：前イラン大統領アフマディネジャードの発言

　ここまでのイデオロギーについての議論を踏まえ，中東に関する具体的なニュースを最後にもう一つ取り上げて引用・翻訳とイデオロギーの関連についてさらに深く探ってみたい．先の引用の翻訳は，英語から日本語へというものであったが，以下はある言語がまず基軸となる英語へ，そしてそのあと日本語へと翻訳されたと考えられる例である．

　まず「中東」という語が翻訳語であることを確認しておくことから始めよう．日本に住む人々からみて「東」でもないのに，このように呼ばれるのは，もちろん大英帝国がアジア進出過程で，この地域を"the Middle East"と呼んだからである．1902年にアメリカの戦略理論家だったマハン（Mahan, A. T.）が大英帝国の戦略拠点としてのペルシャ湾岸地域を指してこの語を使用したのが最初だという（酒井 2010）．ここで言及されるEast／東は地理的な意味にとどまらず，イスラームという宗教的要素の特殊性が常に前提とされ，「西洋における歴史的なイスラーム観であるオリエンタリズムの影」（酒井 2012: 1）が色濃く反映しているといわれる．日本の中東へのまなざしも，こうした欧米の視点に少なからず影響を受けてきた歴史がある．

　欧米メディアによる中東諸国に関する報道，とりわけイランに関する報道の甚だしいステレオタイプの問題点については，サイード（Said, E. W.）の *Covering Islam*（邦訳『イスラム報道』）やダバシ（Dabashi, H.）の *Iran: A People Interrupted*（邦訳『イラン，背反する民の歴史』）などでも度々指摘されてきた．以下は，こうした欧米の視点を前提とするメディア翻訳がもとで国際上の紛争を誘発しかねない大きな問題となった例である．

　現イラン大統領ハサン・ロウハーニーの前任で2005年から2013年まで2期8年を務めたマフムード・アフマディネジャード前大統領は，就任当初よりその言動でしばしば物議をかもした人物である．2005年8月の就任からまだ数カ月という10月27日の演説で「「イスラエルは歴史から拭い去られるべし」とぶち上げ，

国際社会の顰蹙を買う痛烈なデビューを飾った」（酒井 2010: 190）とされる．その日，大統領はテヘランで開かれた「シオニストなき世界」(The World Without Zionism) と題する集会で約 4,000 人の学生を前に演説を行なった．その直後，アフマディネジャード前大統領が "Wipe Israel off the map" といったとするニュースが世界をかけめぐった．

Chossudovsky（2011）によるとこのニュースを最初に報じたのは，*New York Times* である．以下がその記事（Fathi 2005, October 27）からの抜粋である．

(5) 見出し：Wipe Israel 'off the map' Iranian says
本文：Iran's conservative new president, Mahmoud Ahmadinejad, said Wednesday that Israel must be "wiped off the map" and that attacks by Palestinians would destroy it, the ISNA press agency reported. (…)
Referring to comments by Ayatollah Ruhollah Khomeini, the leader of the Islamic revolution, Ahmadinejad said, "As the imam said, Israel must be wiped off the map." (…)
The White House said Wednesday that Ahmadinejad's call for Israel to be "wiped off the map" underlined U.S. concerns about Tehran's nuclear ambitions, Agence France-Presse reported from Washington. ［下線筆者］

"Israel must be wiped off the map" という言葉は，この英文にもあるように 1979 年にイラン革命を成功に導き，王政を倒しイスラーム共和制政体を成立させた故ホメイニーが述べたものとされる．この記事では，これをアフマディネジャード大統領の発話として，ヘッドラインと本文で計 4 回，直接引用している．イラン国営通信社（ISNA）からの情報となっているが，この引用箇所については例のごとく，現発話がどの言語によるものであるか，引用が翻訳によるのか否かについてはまったく触れられていない．この発話を BBC，アルジャジーラ，*Time* を始めとするメディアが一斉に引用し，その引用がヘッドラインを飾ったとされる（Fathi 2005）．日本でも即，各紙に取り上げられた．以下は『朝日新聞』の記事からの抜粋である．

(6) 見出し：「イスラエル地図から消去」イラン大統領，学生前に発言　EU「暴力あおる」非難
本文：イランのアフマディネジャド大統領が 26 日，テヘランで開かれた集会で「イスラエルは地図から消し去られるべきだ」と発言し，イスラエルや欧州連合（EU）から激しい反発を受けている．
　AFP 通信などによると，同大統領は約 4 千人の学生らを前に，「イスラム世

3.5 中東報道とメディア翻訳：前イラン大統領アフマディネジャードの発言

界に対抗する世界の圧制者によって（イスラエルなど）シオニスト体制がつくられた」と指摘し，「故ホメイニ師の言われたように，イスラエルは地図から消し去られるべきだ」と主張した．（以下略）（『朝日新聞』2005年10月28日夕刊）［下線筆者］

下線部引用箇所の英語と日本語はほとんど対応していることがわかるだろう．同日の『読売新聞』や『毎日新聞』でもほぼ同様の記事となっている．これらの記事はそれぞれ細かい部分では異なるが，*New York Times* 同様，どの言語で語ったかは示さず，ヘッドラインに引用文を配置し，本文で同じ引用を二度三度繰り返す構造になっている．それによって，イランの指導者による「イスラエルを地図から消す」意図の表明というテーマが設定され，本文でその言葉を何度も繰り返すことで一貫した物語が形成されている．記事は，大統領の発話，それに対するイスラエルの反発，欧米政治家の非難，出来事の背景，という順序と構成となっており，この引用がいかにイラン非難の正当な根拠として機能しているかわかる．

それでは，アフマディネジャード大統領は，実際，どの言語で何と話したのだろうか．Norouzi（2007）によると，実際には以下のように語ったとされる．(7) はペルシャ語原文，(8) はそれを一語ずつ逐語的に英語に置き換えたもの，(9) はそれを英語の語順に直したものである．

(7) "Imam ghoft een rezhim-e ishghalgar-e qods bayad az safheh-ye ruzgar mahv shavad."

(8) Imam (Khomeini) ghoft (said) een (this) rezhim-e (regime) ishghalgar-e (occupying) qods (Jerusalem) bayad (must) az safheh-ye ruzgar (from page of time) mahv shavad (vanish from).

(9) The Imam said this regime occupying Jerusalem must vanish from the page of time.

アフマディネジャード大統領は，当時の最高指導者ホメイニーの言葉からの引用であることを明確にしたうえで話している．(8)をみれば明らかなように大統領の発話には，"wipe off" も "map" にあたる言葉もない．イスラエルという国の名前もない．ここでは現在エルサレムを占領しているこの体制 "this resume" が問題だと述べているにすぎない．シオニズム，すなわちもとからそこに住む人々をパレスチナから追い出しユダヤ人による国家を建設しようというイスラエル国家理念とこの理念に基づく体制が問題なのであり，この体制は歴史のページから消えるべきだと述べている．これはイスラエル建国以来，イランにおいて繰り返されてきた議論であり，またイラン革命後のイランの一貫した主張でもある．アフ

マディネジャード大統領は，自らの大統領就任にあたって，自らの国民に対し，これまでのイランの歴史認識を前提とし，それを踏襲することを述べたわけである．

"Wiped off the map"という英語については，イラン国営通信社が「シオニズムなき世界」大会のプレス・リリースの一部で大統領の言葉をこのように英語に訳して使ったとされる（Norouzi 2007）が，その引用に飛びついたのが国際通信社と欧米主要メディアだった．その数語からなる一文は欧米メディアの視点から解釈され，彼らによってその言葉が埋め込まれたテクストが瞬く間に世界に広まり，さらに各国語に翻訳され新たなメディア談話に組みこまれていった．いかなるコンテクストにおいて，いかなる聴衆を相手に，いかなる言語で，どのような歴史を前提に，どのような政治的，宗教的信条を背景にしてアフマディネジャードがこのように話したのかは，確かにたとえペルシャ語がわかったとしても文字からだけではとらえるのは難しい．しかしながら，英語に翻訳された引用文からは原発話のコンテクスト的，社会指標的要素はほとんど漏れ落ちていることは明瞭であろう．それだけでなく，イラン国営通信社の記事の中にあった数語の"Israel" "wipe off" "map"という語彙から喚起されるフレームによって，ニュースの談話が形成され，その後はあらゆるところで引用され続け，変形を伴いながら新たな談話を創出していった．

それでは，このとき喚起されたフレームとは何だろうか．それにはまずアメリカとイランの根深い対立の歴史をひもとく必要がある．少なくとも1979年イラン・イスラーム革命まで遡らなければならないだろう．イスラーム革命とは，徹底したアメリカ追随・依存，独裁，腐敗で悪名高かったそれまでのシャーの専制政治を倒し，イスラームを政治の根本に据えて，伝統的なイスラームと近代的制度の共和制を融合した国家建設を目指したものだった．しかし，欧米の目には，宗教の政治への介入は自由や民主主義の対極にあり，非近代的，反近代的と映った．加えて，イランの核開発の疑惑が浮上する一方，イランはアメリカがテロ集団と位置づけるハマースやヒズブッラーを支援し，イスラエルと激しく敵対してきた．欧米社会がイランをイスラエルの抹殺を目論むほど狂信的国家と考えたとしても不思議ではない．

一方，イランにとってのアメリカは，イスラエルのシオニズムを支援しパレスチナ人を抑圧する憎むべき存在である．アメリカはイランと敵対するイラクに武器の供与もしてきた．同時多発テロ以降いったん関係改善に向きかけたが，2002

年のブッシュ大統領による「イラン＝悪の枢軸」演説でまた関係が冷え込んだ．その中でアフマディネジャードが大統領に就任したのである．

　アフマディネジャード大統領のペルシャ語による原発話と英語による引用文では，いわれていることだけに注目するならそれほど大きな違いはないとみる向きも多いだろう．しかし，this resume と Israel, vanish from the page of time と wipe off the map の間のずれには，上記の歴史的・社会的・文化的コンテクストを背景としたアメリカのイランに対する疑念，恐れ，敵対が窺え，これらの語彙群から文化的ステレオタイプが喚起されていることが示唆される．このようにして，ベーカー (Baker 2006) の言う紛争・対立の環境を醸成するナラティヴが引用・翻訳を通して創出されていったと考えられる．ペルシャ語と英語を対照してみたとき，たしかに言及指示的にはそれほど大きな差異はない．しかし原発話が本来有していた社会指標的要素は捨象され，引用・翻訳文にはジャーナリストの声が新たに刻まれていることがわかるであろう．一方，英語から日本語への翻訳では，英語テクストに刻印された欧米ジャーナリストのイデオロギーに気づかず，欧米メディアの視点と解釈の枠組みを共有することで，欧米メディア談話に埋め込まれたイデオロギーを維持，再生産していく結果となっている．ペルシャ語から英語へ，英語から日本語へという引用と翻訳の言語実践においては，引用と翻訳というメタ語用的発話に起因する問題が認識されることはほとんどなく，紛争や対立のメディア談話が再生産されていったところに，メディア翻訳の問題が潜んでいるといえないだろうか．報道の客観性と翻訳の等価性を担保する直接引用にこのような問題が隠れているとしたら，さまざまな引用のモザイクとしてのメディア談話には，まだまだ見えない大きな問題が隠れているかもしれない．

3.6　メディア翻訳研究と社会言語学的課題

　メディア翻訳の場では，メディア翻訳を異なる言語間の単なる等価的情報伝達にすぎないとみるコミュニケーション・イデオロギーがいまも支配的である．それが何よりも，メディアにおける翻訳の介在をみえにくくする要因となっている．さらに，言語の本質を言及指示的意味にあるとし，いわれていることは翻訳を介しても問題なく再現されるという言語イデオロギーが言語使用者（ここではジャーナリスト・翻訳者）の解釈にも影響を与えている．言語行為においては，言及指示的に明示化されないもの，すなわち社会指標的なものにも重要な役割がある

のだが，往々にして人々の意識はそこに向かわず，翻訳の際にその部分はとらえ損ねる．さらに言及指示的に明示化される語彙に喚起される文化的ステレオタイプには気づかず，その結果，他の言語使用者による語用の社会指標的側面にも，自らの語用の社会指標的側面にも無自覚となりやすい．メディア翻訳において，ジャーナリストが産出する談話には，ジャーナリスト自らのイデオロギーが反映されること，そのことによってそのテクストに自らのアイデンティティや自らの属する社会の価値観や力関係が刻印されること，言い換えるとメディア翻訳の言語行為性に対する気づきこそ重要だといえるだろう．

　メディア翻訳の研究，とくにメディア翻訳のイデオロギー性，権力性についての研究はまだ始まったばかりである．グローバル社会においてメディアを介した情報が，紛争や対立を引き起こすようなものではなく，異なる言語・文化・社会への理解に資するものとなるためにも，まずメディア翻訳の言語行為性，すなわちメディアにおける言語使用と社会との関係を明らかにしていくことが必要であろう．社会言語学，語用論，コミュニケーション論の知見を活かした新たな研究の枠組みが求められている．

🔍 より深く勉強したい人のために

- 坪井睦子（2013）『ボスニア紛争報道：メディアの表象と翻訳行為』みすず書房．
  語用・メタ語用としてのメディア翻訳の多層的実践について，ボスニア紛争報道を事例として歴史・文化・社会的コンテクストから分析した研究書．異文化コミュニケーションに果たすメディア翻訳の可能性と課題を探求．
- Bielsa, Esperança and Bassnett, Susan（2009）*Translation in Global News*, London: Routledge.
  グローバル化，メディア，翻訳の関係性を近代という視点から明らかにし，国際通信社で産出された翻訳テクストの分析と翻訳に従事するジャーナリストへのインタビューを軸にメディア翻訳の実践について探求した研究書．
- Hermans, Theo（2007）*The Conference of the Tongues*, Manchester: St. Jerome.
  翻訳学における等価をめぐる諸理論の根本的問題を提示し，翻訳実践を社会・文化的コンテクストの中に位置づけた上で，翻訳者の主体性，「伝えられた発話」としての翻訳など新たな視点からの翻訳理論の構築を促した研究．

📖 文　献

「「イスラエル地図から消去」イラン大統領，学生前に発言　EU「暴力あおる」非難」（2005年

10月28日)『朝日新聞』夕刊, 2.
岡部朗一 (2009)「言語とメディアと政治―その相互連関性―」岡部朗一 (編)『言語とメディア・政治』朝倉書店, 1-16.
小山亘 (2008)『記号の系譜：社会記号論系言語人類学の射程』三元社.
小山亘 (2009)「シルヴァスティンの思想」シルヴァスティン, M.『記号の思想：現代言語人類学の一軌跡 シルヴァスティン論文集』三元社, 11-233.
小山亘 (2011)『近代言語イデオロギー論：記号の地政とメタ・コミュニケーションの社会史』三元社.
酒井啓子 (2010)『〈中東〉の考え方』講談社.
酒井啓子 (編) (2012)『中東政治学』有斐閣.
西田進一郎・及川正也 (2014年9月24日)「米, シリアで空爆 対イスラム国 中東5カ国も参加」『毎日新聞』朝刊, 1.
坪井睦子 (2013)「メディア翻訳」石井敏・久米昭元 (編)『異文化コミュニケーション事典』春風社, 320.
坪井睦子 (2016)「メタ・コミュニケーションとしてのメディア翻訳：国際ニュースにおける引用と翻訳行為の不可視性」『社会言語科学』19(1): 118-134.
Ahearn, Laura M. (2012) *Living Language: An Introduction to Linguistic Anthropology*, Malden, MA: Wiley-Blackwell.
Baker, Mona (2006) *Translation and Conflict: A Narrative Account*, New York: Routledge.
Bateson, Gregory (2000 [1972]) *Steps to an Ecology of Mind*, Chicago: University of Chicago Press.
Bell, Allan (1991) *The Language of News Media*, Cambridge, MA: Blackwell.
Bell, Allan and Garrett, Peter (eds.) (1998) *Approaches to Media Discourse*, Malden, MA: Blackwell.
Bielsa, Esperança and Bassnett, Susan (2009) *Translation in Global News*, London: Routledge.
Cappon, Rene J. (1999) *The Associated Press Guide to News Writing*, Third Edition, Lawrenceville, NJ: Peterson's.
Chossudovsky, Michel (2011) *Towards a World War III Scenario: The Dangers of Nuclear War*, Montréal: Global Research Publishers.
Dabashi, Hamid (2007) *Iran: A People Interrupted*, New York: The New Press.
Fairclough, Norman (1995) *Media Discourse,* London: Arnold.
Fathi, Nazila (2005, October 27) "Wipe Israel 'off the map' Iranian says," *The New York Times*, Retrieved November 5, 2014, from
http://www.nytimes.com/2005/10/26/world/africa/26iht-iran.html?%20r=1
Giddens, Anthony (1990) *The Consequences of Modernity*, Cambridge: Polity Press.
Goffman, Erving (1981) *Forms of Talk*, Philadelphia: University of Pennsylvania Press.
Hermans, Theo (2007) *The Conference of the Tongues*, Manchester: St. Jerome.
Jakobson, Roman (2004 [1959]) "On Linguistic Aspects of Translation," In Lawrence Venuti (ed.) *The Translation Studies Reader* (2nd ed.), New York: Routledge, 138-143.
Kristeva, Julia. (1969) Σημειωτικη: *Recherches pour une Sémanalyse*. Paris: Seuil. (原田邦夫訳 (1983)『記号の解体学―セメイオチケ1』, 中沢新一・原田邦夫・松浦寿夫・松枝到訳 (1984)

『記号の解体学―セメイオチケ 2』せりか書房)
Norouzi, Arash (2007, January 20) ""Wiped off the Map" – The Rumor of the Century," *Global Research*, Retrieved November 5, 2014, from http://www.globalresearch.ca/wiped-off-the-map-the-rumor-of-the-century/4527
Pape, Susan and Featherstone, Sue (2005) *Newspaper Journalism: A Practical Introduction*, London: Sage.
Putnam, Hilary W. (1975) "The Meaning of 'Meaning'," In Hilary W. Putnam (ed.) *Philosophical Papers Vol. 2: Mind, Language, and Reality*, Cambridge: Cambridge University Press, 215-271.
Reuters (2014, September 23) "Obama Says Fight Against Islamic State not America's Alone," *Reuters*, Retrieved October 3, 2014, http://www.reuters.com/article/2014/09/23/us-syria-crisis-obama-remarks-idUSKCN0HI1KQ20140923
Said, Edward W. (1997) *Covering Islam: How the Media and the Experts Determine How We See the Rest of the World* (Fully revised edition with a new introduction), London: Vintage Books.
Schäffner, Christina and Bassnett, Susan (2010) "Introduction: Politics, Media and Translation: Exploring Synergies," In Christina Schäffner and Susan Bassnett (eds.) *Political Discourse, Media and Translation*, Newcastle: Cambridge Scholars Publishing, 1-29.
Silverstein, Michael (1993) "Metapragmatic Discourse and Metapragmatic Function," In John A. Lucy (ed.) *Reflexive Language: Reported Speech and Metapragmatics*, Cambridge: Cambridge University Press, 33-58.
van Dijk, Teun A. (1988) *News Analysis: Case Studies of International and National News in the Press*, Hillsdale, NJ: Lawrence Erlbaum.
van-Doorslaer, Luc (2012) "Translating, Narrating and Constructing Images in Journalism with a Test Case on Representation in Flemish TV News," *Meta* **57**(4): 1046-1059.
Verschueren, Jef (2011) *Ideology in Language Use: Pragmatic Guidelines for Empirical Research*, Cambridge: Cambridge University Press.
Vološinov, Valentin N. (1973 [1929]) *Marxism and the Philosophy of Language*, Cambridge, MA: Harvard University Press.
The White House: President George W. Bush (2001, September 11) "Statement by the President in His Address to the Nation," Retrieved December 1, 2014, from http://www.whitehouse.gov/news/releases/2001/09/20010911-16.html

第4章 報道の社会言語学

多々良直弘

　現代社会はメディアにより報道される情報であふれている．日々，我々の前には新聞，ラジオ，テレビ，インターネットなどさまざまなメディアを通じて膨大な量の情報が届けられる．メディア報道というものは，出来事のある側面を特定の視点から取捨選択しながら描写しているため，文化により同じ出来事が異なる「物語」へと編集されていると言うことができる．時に偏った報道や自民族中心主義的な報道により偏見や差別的先入観が創り上げられ，報道された他者に対して嫌悪感を抱くこともある．メディアが報道した出来事が世界中に広まり，人々を動かし，歴史を変えたこともあり，また社会において実際にはさほど重要ではないことであっても，メディアが一斉に報道すれば，視聴者はその問題を深刻で重大な問題であると考えてしまうこともあるだろう．

　報道というものは少なくとも二つの側面で我々の価値観に影響を与える．一つはメディアが取り上げて報道する内容やその際に用いられる言語表現により，その問題や対象に対する我々の見方が創り上げられる．そしてもう一つは，ニュースを報道する側の非言語行動ならびに言語行動も，それを受容する視聴者の社会文化的規範に影響を与えるということができるだろう．テレビニュースや討論番組，スポーツの実況中継の参与者たちがメディア報道というコンテクストにおいて行なう言語行動や相互行為から，我々は自分たちの社会における文化的規範を習得するのである．

　メディア報道に関する分析は多岐にわたるが，本章では社会言語学的な観点から報道が我々に影響を与えるこの二つの側面を取り上げ，前者については4.1節において批判的談話分析の観点からメディアにより伝達される報道内容を考察し，後者については4.2節と4.3節において報道において使用される言語表現や相互行為，そしてそれらの背後にある文化的規範について分析する．

4.1 メディアにより創られるニュースと文化的価値観

4.1.1 報道により創られるニュース

　メディア報道では一般的に客観的な事実が報道されていると考えられることがある．ジャーナリストなどの報道する側は自分たちの報道が中立的かつ客観的に「事実」を報道していると主張するだろうが，実際にはどの出来事を報道するのか，出来事のどの部分を報道するのかということは，ある特定の視点から取捨選択され決定される．報道される内容は完全に客観的かつ中立ではありえず，我々が日々触れている報道というものは社会文化的に構築されたものなのである．

　ファウラー（Fowler 1991）は新聞などのメディアで報道される内容は世界に関する客観的な「事実」ではなく，「考え」(ideas)，「信念」(beliefs)，「価値観」(values)，「イデオロギー」(ideology) であり，ニュースはその時代の社会的価値観に基づいて構築されると述べている．つまり，どの出来事もしくは出来事のどの側面が取り上げられるのか，またその出来事がどのような言語表現により報道されるのか，この過程にはその社会の信念や価値観が反映されているのである．このような文化的価値観に基づいて創り上げられた報道は，人々の価値観や取り上げられている出来事や人物に対する考え方を構築すること，またこの過程で報道において使用される言語が重要な役割を担っていることもファウラーは指摘している．

　報道が価値観の違いから異なる事実を創り上げている顕著な事例をあげてみよう．2015年1月にフランスで起こった新聞社とスーパーマーケットでの銃撃事件の後，ヨーロッパ各国のリーダーと100万人を超える市民がデモ行進を行なったが，この映像はテレビや新聞などのメディアが一斉に報道した．このデモ行進にはドイツのメルケル首相やデンマークのシュミット首相，フランスパリのイダルゴ市長など女性のリーダーたちも行進の先頭に立っていたが，イスラエルの超保守のユダヤ系新聞である *The Announcer* はデモ行進の写真からこれらの女性リーダーをデジタル加工し，削除して新聞に掲載した．この出来事はイギリスの *The Evening Standard* 紙でも "Women are erased from history by newspaper" という見出しで大きく報道された（2015年1月14日掲載）．

　政治的主張を行なうために報道が利用されることもある．このニュースは *The Los Angels Times* のオンライン版で掲載されたニュースであるが，オバマ大統領が

日本の天皇に挨拶をしたことを報道したものである（このニュースは *The Japan Times* が AP 通信社 Washington 支局の記事を掲載している（2009 年 11 月 20 日掲載））．オバマ大統領は天皇に対して西洋的な挨拶の仕方である握手とともに日本式のお辞儀を同時に行なった．これは天皇と日本文化に対する敬意を示すオバマ流の行為であると考えられる．日本ではこの行為は好意的に感じられただろうが，アメリカの一部メディアの反応は異なった．保守系のメディアはこのオバマの 90 度に身体を曲げたお辞儀の映像と他国のリーダーたちの直立して行なわれた握手の映像を並列させ，オバマの挨拶を genuflecting（平身低頭）や grovel（平伏す）などの表現を使用して報道した．*The Japan Times* にも掲載されたとおり，この一連の報道はいわゆるオバマ大統領の保険制度改革などの政策を批判し，世論の支持を得るために行なわれたものである．このように報道者側の立場や価値観により，同じ行為がまったく異なる形でとらえられ，報道者側の主張を正当化し，支持を得るためにニュースが創られるのである．

4.1.2　報道により再生産される差別や偏見

　ある文化において伝達されるメディア報道は他者を否定的に描写し，その結果差別や偏見を創り上げてしまうこともある．このようなメディア報道が創り上げる差別や偏見を分析する分野として批判的談話分析（Critical Discourse Analysis：CDA）がある．CDA とは，日常の社会生活の中で当たり前のように配信されているメディア報道を批判的に分析し，言い換えれば，対象を偏りなく評価し，その談話の中に潜んでいる権力やイデオロギーをあぶり出そうとする研究分野である．CDA の分析は，階級，ジェンダー，民族，人種などにまつわる社会問題を積極的に取り上げ，言語表現の表層的な意味の解釈にとどまらず，メディアなどの談話において現れる支配，差別，権力関係を指摘することを目的とし，言語行動や談話の中で使用される不平等な社会的表現や制度を批判する学問分野ということができる．

　CDA の研究方法は多岐にわたるが，代表的なものとして構造主義的談話分析（ベル（Bell, A）），社会認知的アプローチ（ファン・ダイク（van Dijk, T.）），社会歴史的アプローチ（ウォダック（Wodak, R.）），談話実践的アプローチ（フェアクラフ（Fairclough, N.））などがある．ファン・ダイクは社会政治的なイデオロギーは経験に基づく知識によるもの，つまり社会認知的なものであると考えた．CDA では社会における不平等や差別などの社会政治的な問題に関心を向け，言語

分析と社会における諸問題を結びつけようと試みたのである．フェアクラフ（Fairclough 1995, 2003）はハリデー（M. A. K. Halliday）の Systemic Functional Linguistics（選択機能的言語学）の手法を CDA に援用し，談話というものにはイデオロギー的プロセスと言語的プロセスの両方が関係し，その結果実際に使用される言語表現には使用者のイデオロギーが含まれることを指摘している．

　鍋島（2005）はこれらの CDA の分析にメタファー研究の導入を試みている．メタファーとは文学などで使用されるような単なる言語表現の装飾ではなく，レイコフとジョンソン（Lakoff and Johnson 1980）が指摘しているように，あるものを他の観点からとらえる，理解することである．ファン・ダイクやフェアクラフも差別的なディスコースを分析する際にメタファー理論の有用性を述べている．ファン・ダイク（van Dijk 2000）はアメリカの新聞における保守的な論説の中で，文明や国家を人間，アフリカ系アメリカ人の文化をウイルス，アフリカ系文化のモラルの低さを症例，モラルの低下の広がりをウイルスによる侵食，文明の崩壊をウイルスによって引き起こされた病気による衰弱として表現していた．このような表現を我々が差別的であると感じる理由としてレイコフとターナー（Lakoff and Turner 1989）があげている有生階層（Animacy Hierarchy）があり，「生物として階層の高い人間を低いウイルスとして見立てるこのメタファーはアフリカ系人種を有生階層上低い者として捉えている事にもなる」と鍋島（2005: 52）は述べている．

　ヒル（Hill 2005）は現代社会において直接的に人種差別を行なうことは避けられるようになったが，ある特定の人種や国民が報道される際に，否定的ステレオタイプが談話の中で間接的指標性（indirect indexicality, Ochs 1990）を通じて繰り返し再生産されていると指摘している．たとえばヒルは 2001 年 9 月 11 日に起こった世界貿易センタービルへの攻撃が報道された際に，1941 年に日本軍によって行なわれた真珠湾攻撃の対比が繰り返しアメリカのメディアで行なわれたことを例にあげ，民間人を標的としたテロ攻撃と軍隊を標的にしたテロとは無関係の攻撃を比較することで日本人の「卑怯」（Japanese people are sneaky）というステレオタイプを間接的に指標していると述べている．ヒルは明確に指摘していないが，この 9.11 以来，欧米のメディアでは自爆テロが起きると "kamikaze" という表現を使って報道すること（たとえば，2015 年 11 月におきたパリ同時多発テロの報道など）は注目すべき点である．

　その他にもヒルはファビアン（Fabian 1983）が提唱した「同時代性の否定」

(denial of coevalness) という概念をもとに, 報道される対象を過去と結びつけることで, その社会が自分たちの生きている現代ではなく, 前の時代に存在し, 発展途上であることを示すことがあると指摘している. ニューヨークタイムズ紙では, 日本を現代より前の時代に結びつけようとしている記事が非常に多くみられ, たとえばアニメを紹介する際であっても浮世絵について言及しながら「伝統的な日本の価値観を示している」(it asserts traditional Japanese values) と述べたり, 海苔の養殖を伝える記事でも「古来から続く海藻の養殖」(the ancient business of seaweed farming) と表現したりする一方, アメリカのディズニーのアニメ作品やアイオワ州のトウモロコシ農家について「伝統的な米国文化を表している」や「古来から続く事業」という表現は観察されない. このような言語表現を通じて, 報道側は日本という他者を間接的に「異国の文化」や「遠い存在」であることを読み手に植え付けることになる. このヒルの分析はニューヨークタイムズ紙で日本がどのように報道されているのか分析したものであるが, 同紙はアメリカのエリートや世論形成者に対して, 日本という国や文化に関する認識の基点として非常に重要なものである.

このような報道は日本のメディアでも観察される. たとえば近年ではオリンピックやワールドカップなどの世界大会が各種メディアで報道されているが, このようなスポーツの国際大会を扱った日本の番組でアフリカ諸国のチームを紹介する際に, その国の昔からの伝統に結びつける報道はよく目にする[*1]. たとえば, スポーツとは関係のないその社会で古来から続き伝統的に重んじられている「魔術」

[*1] アフリカ各国に対する差別的ディスコースについては, チューダー (Tudar 1992) や山本 (2002) など参照. チューダー (1992) は 1990 年の FIFA ワールドカップイタリア大会において, イギリスのテレビ局である BBC と ITV のアナウンサーによってサッカーカメルーン代表などのアフリカ諸国のチームがどのように描写されているのか質的に分析し, スポーツ報道においてスポーツがいかに人種をもとに解釈されるようになってしまうか指摘している. ヨーロッパの国々にとってアフリカチームの情報は当時まだ少なく, サッカーに関する確固たるアイデンティティというものが欠如していた. そこでアフリカチームに対して使用されている表現は「youth」(若い) や「inexperience」(経験不足, 未熟) などの表現のほか,「happy-go-lucky」(楽天的, 能天気),「excitable」(興奮しやすい),「naïve」(うぶな, 天真爛漫な) といったサッカーには直接関係ない表現 (extra-footballing language) であり, これらの表現が繰り返し使用されることで, アフリカ諸国のステレオタイプが構築されているとチューダーは指摘している. また ITV のアナウンサーは, 選手たちがサインをしたシャツをみて「well, they can all sign their names」(みんな名前は書けるのですね) という明らかな差別的発言をしていた. そしてカメルーン代表が勝ち続けるとその表象はさらに変化し,「ずるさ」や「いやらしさ」が強調され, アフリカ人の「人を騙す」というイメージを創り上げるようになったと述べている.

や「占い」などを特集し，異国観や遠い存在として他者を作り上げていることはよく観察される．

このようにテレビニュースや新聞などの報道は，視聴読者に対して出来事や他者がどのようにみられ，解釈されるべきかという枠組みを提示しているということができる．我々は当然のように受け入れている報道によってある種の解釈の枠組みや特定の視点を植え付けられているのである．各文化における「当たり前」の報道が我々の世界を観る視点や解釈の仕方，さらにはその共同体に属する成員の間に文化独自の世界観を創り上げているということができるだろう．

4.2 テレビ報道におけるコミュニケーション行動

4.2.1 テレビ報道というフレーム空間における非言語行動

テレビにおける報道では，アナウンサーたちは社会において共有されているフレーム（枠組み）に則って，適切な言語表現や話し方に加え，声の質，イントネーション，姿勢やジェスチャーなどの非言語表現を選択している．アナウンサーたちが適切に振る舞うためには，社会的に構築されたフレーム空間（frame space）の中で行動をし，このフレームから外れた行動を行なった場合には，視聴者は違和感を感じ不適切なものととらえることとなる（Goffman 1981: 230-231）．

たとえば日本の朝のテレビニュースをみると，アナウンサーたちは直立し，座っている場合は姿勢を正し，原稿を両手でもち，ニュースを報道している．一方，イギリスの国営放送 BBC の Breakfast News をみると，アナウンサーたちはソファーに深く座り，背もたれに肘を掛けたり，足を組んだりしながらニュースを報道している（扱っているニュースによっても姿勢を変化させている）．日本のテレビニュースに慣れ親しんでいる者にとってみれば，BBC のアナウンサーの姿勢や行動は違和感を覚えるかもしれないが，これらの非言語行動はイギリスの文化の中では許容されているため，問題視されないのである．しかし，日本の NHK のアナウンサーが BBC のアナウンサーのような非言語行動を選択した場合，それは日本文化では許されないため，おそらく多くの苦情が寄せられるだろう．これはどちらの文化の行動がより適切であるのかということではなく，アナウンサーたちはその社会における行動の規範に則って，その場にふさわしい許容されている行動を選択しているために生じる違いである．

4.2.2 テレビ報道における言語行動：報道内容とレジスター

アナウンサーは非言語行動だけでなく，コンテクストやフレームに適した言語行動を選択している．同じアナウンサーであってもニュース番組，スポーツ報道，討論番組，バラエティ番組などプログラムの種類（コンテクスト）により，自身の言語行動やスタイルを調整している．たとえば，政治に関するニュースとスポーツニュースを比較してみると，そのスタイルの違いは明らかである．政治などの深刻なニュースではアナウンサーは低いトーンで，より丁寧な言語表現を使用するが，スポーツニュースでは丁寧体の使用が減り，体言止めの使用頻度が上がり，軽快なリズムと臨場感を作り出している．このように参与者たちはその状況や話題に応じて自らの言語行動を調整し，適した言語表現を選択していることがわかる．ハヴィランド（Haviland 1979: 389）が指摘しているように，ある状況において「人間が発言するということは，その状況を指標するレジスターを選択する」ということができる．

ロメイン（Romaine 1994: 19-20）はレジスター（言語使用域）を「使用者よりも，使用方法による言語の変異に関わるもので，その場の状況や，目的，話題，伝えるべき内容や当事者（参与者）の関係などが関連する」と定義し，レジスターを通じていまどのような行為が行なわれているのか明らかになると指摘している．たとえば弁護士同士の会話，宗教の説教，スポーツの報道など，その社会に属している者はそれらのレジスターに触れ，それぞれのレジスターを認識できるようになるとロメインは述べている．

4.2.3 視聴者に合わせた言語使用：オーディエンス・デザイン

アナウンサーはニュースの種類やコンテクストだけではなく，想定される視聴者によっても自身のスタイルを調整している．ベル（Bell 1984）は，ニュージーランドの公営ラジオ局のアナウンサーが局によって話し方が異なることに注目し，オーディエンス・デザイン（audience design）という考え方を提示した．ラボヴ（Labov 1972）の研究では，話し手の「発話に払われる注意量」（attention paid to speech）がスタイル変異の要因と考えられ，話し手が自分の発話に注意すればするほど，スタイルはフォーマルなものになると主張した．ベルはこのラボヴの問題点を指摘し，話し手のスタイルの変化は，単に自身の発話への注意だけではなく，聞き手である相手が会話にどの程度関係しているのか，話し手から見た聞き手である相手の立場や資格に関連していると述べている．直接話しかけて

いる人（聞き手，addressee），直接話しかけてはいないが会話に参与している人（傍聴人，auditor），会話に参加していないが存在を意識している人（盗み聴く人，eavesdropper）というさまざまな種類のオーディエンスが存在し，話し手の言語スタイルには話し手，聞き手，傍聴人，盗み聴く人の順で，話し手の発話に影響を与えるということになる．話し手はオーディエンスの中で誰を意識するのかにより，スタイルや発言内容を調整するのである．

ベルの調査では，ニュージーランドの公営放送では（複数のラジオ局がスタジオを共有しているため）アナウンサーが同じ内容のニュースを複数の異なるラジオ局で報道しているが，社会的階級の高い聴者が多い局ではよりフォーマルなスタイルで報道するなど，それぞれのアナウンサーが使用したスタイルはラジオの視聴者のそれと一致していた．これはアナウンサーが聴者の層によってスタイルをデザインした結果である．報道されるニュース，報道される場所は同一だが，ただ一つ異なっているのがオーディエンスであり，オーディエンスの階級によってスタイルを使い分けているのである．聞き手であるオーディエンスは単なる情報の受容者という受身的な役割を担っているのではなく，話し手の言語行動に非常に大きな影響を与えていることがわかる．

このベルの示しているオーディエンス・デザインはアコモデーション理論の収斂行動（convergent behavior）の一つのタイプである．収斂行動とは，相手に受け入れられるように，自分の話し方を相手のスタイルに近づけ，常にオーディエンスによって自分の発話スタイルを調整する行動である．サッカーの中継やニュースにおいて「アディショナル・タイム」ではなく「加えられた時間」や「追加時間」，「サブの選手」ではなく「交代選手」という表現が使用されることがあるが，これも，アナウンサーが想定する視聴者層にあわせて，使用する言語表現を注意深く選択した結果ということがである．このように自分の発話スタイルに払う注意の量や種類は，オーディエンスがどの程度関係しているのか，また話し手からみた相手の立場や資格などと関連しており，この点から報道における言語行動が報道側と視聴者側の相互行為的なものであることがうかがえる．

4.3 スポーツ実況中継の日英比較

スポーツの実況中継というジャンルはファーガソン（Ferguson 1983）やビアード（Beard 1998）らが指摘しているとおり，独特の言語表現が使用されているが，

近年はスポーツのグローバル化に伴い，同じ試合が通訳や翻訳を介さずにさまざまな言語で即興的に放送されているため，各言語の好まれる言語表現や相互行為の特徴を分析するためには非常によいデータである．

本節では，まずスポーツの実況中継における参与者の役割とモードについて概観した後，サッカーの実況中継を分析し，相互行為のスタイルと相互行為の中で観察される文化的規範について考察する．

4.3.1　日本語と英語の実況中継における参与者の役割とモード
a.　実況中継における参与者の役割

スポーツの実況中継における参与者の役割は文化的に異なる特徴をもつ．日本では，実況中継に参加する参与者には実況を伝えるアナウンサーと経験者としてコメントや批評をする解説者が存在するのが当然のことと考えられがちであるが，これはきわめて日本的な特徴である（三宅 2004, 山本 2015）．アメリカやイギリスなどの野球やサッカーの実況中継では，一人で中継を行なうこともあるし，メインのコメンテーターとサマライザー（expert summariser）が中継を行なう（Beard 2005）など，複数人が携わることもあるが，日本のようにアナウンサーと解説者という明確な区分がなく，参与者たちはプレーに関して自分たちの見解を自由に発言している．

三宅（2004）は日本で放送されたオリンピックの実況中継における相互行為を分析し，アナウンサーと解説者の役割と権利を示している．三宅によると，アナウンサーは，実況放送全体の進行の責任をもつ，競技の進行や競技者の情報を視聴者に伝える，解説者に話しかけて専門的なコメントを聞きだす，個人的な批評やコメントをしないという特徴をもつ．一方，解説者は，アナウンサーから話しかけられて，専門的な批評やコメントをする，アナウンサーに自ら話しかけて，専門的な批評やコメントをすることがある．

b.　実況中継のモード

ゴフマン（Goffman 1981: 232-242）はテレビとラジオのアナウンスでは，いま現在起こっていることを同時に視聴者に伝える Action override mode（実況のモード），視聴者に向かって直接話しかけている Direct mode（直接モード），そしてアナウンサーがゲストや解説者とやり取りをし，解説者が自身の経験や信念，そして感情を表現し，視聴者がそれを視聴している Three-way mode（3方向のモード）という3種類のモードがあることを指摘している．

このゴフマンの分類をもとに，三宅（2004）は日本語の実況中継を分析するために，「ある話題が，誰によって，誰に向かって話されているか」ということを判断基準にした「インタラクションのモード」という概念を提案している．このインタラクションのモードには，アナウンサーが実況を単独で行なうアナウンサー・モード，アナウンサーが実況を行ない，それに対して解説者があいづちなどでサポートをするアナウンサーサポート・モード，アナウンサーと解説者が最低一度はターンをとって会話形式でやり取りが行なわれる対話モード，解説者の発言に対してアナウンサーがあいづちをうつ解説者サポート・モードなどがある．アナウンサーと解説者がこれらのモードから逸脱したやり取りをみせると，実況放送のスタイルから外れてしまい，視聴者に対して不快感を与えてしまうことになる．

4.3.2 実況中継における文化的規範に則った言語使用

スポーツ実況中継の重要な目的は，試合に関する適切かつ十分な情報を視聴者に提供し，視聴者の興味を失わせないことである．視聴者に対して目の前で起きていることを伝えるという目的はどの言語による実況中継でも同じであるが，出来事のどの部分を伝えるのか，それをどのように伝えるのかということに関しては各言語で違いが見られる．つまり，実況中継という制度的談話にも各言語の日常的な言語使用や社会的規範が反映されているのであり，参与者たちは単に情報を視聴者に提供するのではなく，いかにその文化に適した，期待されているスタイルで談話を構成するかということが重要となる．

a. 相互協調型実況中継と相互独立型実況中継

(1)から(4)はイングランド・プレミアリーグ，チェルシー対カーディフ・ユナイテッドの試合の実況中継であるが，(1)と(2)はチェルシーのマタ選手からのフリーキックにテリー選手が走り込んできてヘディングシュートを打ったが，わずかにゴールポスト右にはずれた場面，(3)と(4)はカーディフのゴールキーパーのキックからのボールをチェルシーのディフェンダーであるダヴィド・ルイス選手がスルーをし，キーパーに任せようとしたのだが，そのボールを相手チームのマッチ選手が奪いゴールを決めた場面である．

(1) 01 S：Juan Mata takes it. John Terry dashed across, but it just veered wide.
02 C：May have brushed the post there John Terry, Medels on the post, you can see, there it is there, ooh, just looks like it comes off the outside of the post as Medel misses it, obviously confident that it was going away, but just

brushes that post.

(2) 01 A：マタが入れて，ターゲット後ろからきたぁっと！テリーでしたか？いやぁ，斜めに走り込んできて
02 F：　　　　　　　　　　　　　はい，コース変えましたからね．
03 A：わずかにそれました．

(3) 01 S：Well, Jordon Mutch, somebody's going to pounce on this and he scores. Chelsea caught down and Cardiff stun Stamford Bridge by taking the lead.
02 C：Well, there's a case of David Luiz completely switching off.
03 S：He still took all the finishing from Jordon Mutch, He even wasn't composed in taking it.
04 C：Čech as you can see the long ball comes up here, just routine clear up job for David Luiz here, look – it doesn't even look like Čech is and its Jordon Mutch's great finish to dink over the body of Čech. It's just a simple goal kick. John Terry, a little flip there, Ramires there back, and David Luiz not even looking, shocking mistake from Luiz, Cardiff benefit, good finish from Mutch, just look at that lovely little dink.

(4) 01 A：［おっとぉー！
02 F：［おっとぉー！　おー！
03 A：先制点か？　先制点です！　カーディフ先制！
04 F：おーっ［とぉー
05 A：　　　［初先発のマッチのゴールです．何がありましたかチェルシー？
06 F：んー，ちょっとミスというところが，まあ失点につながってしまいましたね．
（リプレイをみながら）
07 A：あーっとダヴ［ィド・ルイスとツェフのコンビネーションだったでしょうか
08 F：　　　　　　［うーん
09 　　そうですね…「そこ任せた」というところ，ダヴィド・ルイスはもうそのつもりでい［たんでしょうね
10 A：　　　　　　　［はい　　　　いやぁ…
11 F：けど思ったよりもツェフが出てなくて，でも落ち着いてよく決めましたね

　(2) と (4) の日本語の実況では，アナウンサー (A) は疑問文を使用して解説者 (F) に情報を求めたり，一つの命題を二人で共同構築したり相手の発話に重複し

て発言したりすることが観察される．またそのほかにも日本語の実況中継では，あいづちや笑い，繰り返し，繰り返し同時発話などを用いて相手の発話に反応することが非常に多い．町（Machi 2009）が指摘している通り，繰り返しは情報量としての重要性はないが，参与者間の関わりあいを示す機能を果たしており，日本語の実況中継において頻繁に観察される．(1) から (4) と同じ試合である (5) は試合終了間際に，先制点につながるミスをしたダヴィド・ルイスがミドルシュートを放った場面であるが 01 と 02 において繰り返し発話が行なわれている．その後も A と F は笑いやあいづちなどを使用し互いの発言に反応し，互いの見解を確認し合いながら相互行為を行っていることがわかる．

(5)　01 A：そのダヴィド・ルイス…あぁ，狙いにいきましたぁ
　　 02 F：　　　　　　　　　　　　　　　　　　いきましたぁ
　　 03 A：何か自分がとらないと試合［が終わらない……というような
　　 04 F：　　　　　　　　　　　　　［えへへ
　　 05　　　そこは責任というか
　　 06 A：はい
　　 07 F：負けず嫌いというか
　　 08 A：ですね
　　 09 F：はい，そういうところが出てるんじゃないですか？

　一方，英語のコメンテーターたちは，(1) と (3) にあるように疑問文や付加疑問文を使用して互いの見解を求めたり，自分の発言に対して相手の補助を求めたりするのではなく，日本語の実況放送にみられるような相互依存的なやりとりは観察されない．イギリスのサッカーの実況中継ではメインのコメンテーターとサマライザー（expert summariser）が実況を行なうのが一般的である（参与者が一人の場合もあるが，ここでは参与者同士の相互行為を分析しているため，データには含めていない）が，コメンテーターたちはプレーに対して自身の意見を自由に述べたり，称賛したり，批判を繰り広げている[*2]．

　英語のコメンテーターたちは選手の（単純な）ミスや不必要なファールに対しては非常に厳しい批判を繰り広げる．これは直塚（1980）やカーボー（Carbaugh

---

[*2] 英語の実況中継においても相手の発言に反応し，"Right, you can see what Frank's doing there. He is going for that far corner, he is not far away."と相手の発言に同意したり，"No, I still think he's got a lot of work, Ian, to do to get it back to where it was maybe for Chelsea"と相手の発言に不同意を表明したりすることも観察される．

1990) などが指摘しているように，欧米文化では自身の見解を公の場で明確に述べることが社会における行動規範として尊重され，個人の特権としてまた義務として認められているからである．彼らは選手たちのプレーを客観的に分析し，ミスをした選手を特定し，その選手に対して厳しい批判を投げかける．(6) はカーディフの選手 (Theophile Catherine) がペナルティエリア付近において不要なタックルをし，相手チームにフリーキックを与えてしまった場面では，タックルが不要であったことを説明し，反則をしてしまった選手を厳しく批判している．また (7) は国際親善試合イングランド対ブラジルの試合であるが，イングランド代表の選手 (Gary Cahill) が自陣ゴール近くでブラジル代表の選手 (Fledge) にボールを奪われてしまい，ゴールを奪われてしまった場面である．これらの例が示すとおり，参与者たちはミスをした選手を言及し，そのミスと問題点をそれぞれが分析し明確に指摘していることがわかる[*3].

(6) 01 S：David Luiz, Ramires, Terry, and Hazard for Bertrand, and that's going to be a free kick quite early, Theophile Catherine, Tommsie.

02 C：Yeah Tommsie is a little bit stupid as well because there is no need again to retry and win the (   ) he's not going anywhere, Eden Hazard, look. So there's no need to tackle in.

(7) 01 S：Here is the chance for Fledge! Brazil's around turns… Gary Cahill took the chance too many, Fledge, who has only just arrived on the field, pounces upon Cahill and uh … Roy Hodgson's team has lost their lead.

02 C：You know that Gary Cahill, you can't do that, (   ), he'd get the ball away there 30 yards from the goal, you are in a big trouble. He is overrunning, he is not really sure where he is going, (   ) already narrowed down quick enough to (   ) very difficult one for Chris Smalling and everyone else back in there …

また，英語のやり取りにみられる特徴的な点は，日本語の同時発話や重複発話

[*3] 実況中継における批判のディスコースに関する対照分析の詳細は多々良 (2017) を参照．多々良（同上）では，選手がミスした場面において，実況中継の参与者たちは (a) 内的引用の形で選手の心理的側面に言及し，選手と同一化し意図を理解しようとする, (b) ミスをした選手が置かれている状況（天候や相手選手など）について言及する, (c) ミスをした選手を批判するのではなく，周りでサポートしている集団としてのチームプレーに言及するなどの特徴がみられることを指摘している．さらに，実況中継の参与者たちが目の前で起こっている出来事の全てを忠実にことばで再現しているのではなく，ある特定の視点から言語化する認知資源を選択し，ある種の物語を創り上げていることも指摘している．

の多さに比べ，英語の実況中継では参与者同士の発話が重なる事は非常に少ないことである．ビアード（Beard 1998）が指摘しているようにイギリスのサッカーの実況中継では，参与者たちはお互いの発話が重ならないようにイントネーションを調整したり，脇腹をつつくなどの身体的接触を利用したりして，ターンテイキングのタイミングを相手に知らせたり，ゲールハルト（Gerhardt 2008）が述べているようにコメンテーターたちはイントネーションを使用して自身のターンを維持していると述べている．ガンパーズ（Gumperz 1982）が指摘しているように，上昇調を使用することで自分の発言がまだ終わっていない事を相手に示しているのである．

このように，英語の実況中継では参与者個人個人が自分の見解をそれぞれが述べあう「対話する言語文化」が，一方で日本語の実況中継ではアナウンサーが積極的に解説者に話しかけたり，質問を投げかけたりし，解説者もその質問に答えながら，相互協調的に実況中継の談話を構築するという「共に語る言語文化」の特徴が観察される（井出 2006, 2014, 藤井・金 2014, Fujii 2012, 水谷 1985 など参照）．

b. 日本語の実況中継に現れる文化的規範：地位や場をわきまえた言語行動

ここまでみてきたとおり，英語と日本語の実況中継では参与者の構成や相互行為のスタイルの違いが観察されるが，ここでは日本語の実況中継に焦点を当て，日本文化における言語行動の文化的規範とその再生産について考察する．相互協調的に行なわれている日本語の実況中継の中で，参与者間の社会的関係がいかに重要であり，それぞれの関係をわきまえた行動が行なわれているのか分析を試みたい．

1) 提案の否定とその受容：関係をわきまえた譲る言語行動

(8) は日本対オランダの国際親善試合における実況中継である．アナウンサーがオランダ代表に左利きの選手が多いことについて言及し（01 から 04），このことが日本代表に対して困難を与えることを伝えようとし，解説者の N（現役時代は左利きの選手）に相手に関する共通認識の表明と受容の要求を行なう機能をもつ「よね」という表現を用いて，同意を求めている．

(8) 01 A ：オランダは左利きの選手が 5 番ブリント, 8 番ストロートマン, 10 番ファ
　　02 　　ン・デル・ファールト，そして 11 番ロッベン．D さん，前目の，攻撃
　　03 　　的な選手に左利きが多いというのは守る方としても，ちょっといつもと
　　04 　　感覚が変わってきますよね？

```
05 N：＝なんですか［ね
06 A：            ［え
07 N：               …ちょっと僕も自分が［左なので
08 A：                          ［えー
09 N：                              よくわからないですけどね，
10    その辺は．はい．
11 A：はい．
12    (1.5)
13 A：…前線に（…）そうした選手たちもそろえています，オランダ．
```

この事例では，アナウンサーが自身の見解に対して解説者に同意を得ようと 03 から 04 で「ちょっといつもと感覚が変わってきますよね？」と自分の見解の支持を得るための表現を使用しているが，質問の受け手である解説者 N は「なんですかね」とアナウンサーの見解に同意しかねることを表明し，「ちょっと」という緩和表現を使用しているものの，「よくわからないですけどね，その辺は」と実況アナウンサーの見解を明確に否定している．一方，アナウンサーはこの解説者 N による（06 の「え」が表しているように予期していなかった）否定を，単に 08 の「えー」，11 の「はい」とあいづちをうちながら，反論するわけでもなく聞いているにとどまり，1.5 秒ほどの沈黙の後再びためらいながら「前線にそうした選手たちもそろえています，オランダ」と述べるにとどまっている．

(9) でも両者の関係が反映されているやり取りが観察される．この事例はアナウンサーがオランダ代表の監督の緻密さやオランダ代表の戦歴について紹介している場面である．アナウンサーは実況モードとは異なり，低いトーンで日本代表が対峙している相手がいかに強いのかということを視聴者に伝えようとしている．

```
(9) 01 A：オランダを率いるルイ・ファンハール監督がもう早くもメモをとりはじ
    02    めました．昨年の7月に監督に就任して，オランダ代表は何といっても
    03    監督就任後16試合を戦って，敗れたのが一度だけ．しかもそれが就任
    04    初戦，日本が今度日本時間の20日に戦うベルギーのみです．1年3カ
    05    月オランダ代表は負けがありません．
    06 M：じゃあ，そろそろだな，今日だな．
    07 A：              えー…［そのー
    08 M：                 ［へへへへ，今日だな，へへへ
    09 A：そのー…そのシーンが果たして訪れるか．
```

10 M：[このままいけばねぇ
11 A：[さあ，このサイドでの攻防です．一対一にはさせません．山口がカバ
12 　　ーにいきました．そして長谷部．縦にボールが通る．ストロートマン．
13 　　左利きのプレーヤー．レンス，入ってくる．内田が身体を投げ出しました．

　この事例では，アナウンサーはオランダ代表の監督の情報や代表チームの戦歴を紹介しながら，日本代表がいかに強く困難な相手と対峙しているのか，この試合に勝つことがいかに難しいのかという情報を実況に織り込もうとしているのであるが，解説者のMがアナウンサーの意図を共有できず，06にあるように「じゃあ，そろそろだな．今日だな」と実況中継のフレームから外れた視聴者（ファン）のような発言し，その目論見をあっさりと壊してしまう．この予想外の発言にアナウンサーは07で「えー」や「そのー」と言い淀んでいるように，戸惑いを隠せずにいるが，解説者の発言を直接否定できずにいる．そして言い淀んだ後，アナウンサーは「そのシーンが果たして訪れるか」と疑問文を投げかけ，同調している．その後インタラクションのモードから即時実況のモードに移行することにより，間接的に解説者の見解に否定的な立場を示しながら状況を立て直そうとする．状況が常に変化し続ける実況中継では，解説者の解説よりもアナウンサーの実況の方が優先されるため，アナウンサーが解説者との対話中に即時実況モードへ切り替えることで解説者からターンをとることがよくあるが，これは慣例として許されている．Aはアナウンサーに与えられているこの権利を利用して，明確な不同意を表さずに，中継を続けようと試みていると考えられる．

　この相互行為において，アナウンサーは解説者から自分の見解に対するサポートがえられなかったとしても，解説者の指摘を直接否定することはできず，相手に配慮しながら譲る行動をとっている．アナウンサーは解説者のコメントに困惑し，賛同できないにも関わらず，その解説者との上下関係を維持するために明確な否定をすることが許されないのである．井出（2006）が述べているように，上下関係という枠の中で，相手のことを配慮し，自分の立場を「わきまえた」行動がアナウンサーにはみられるということができるだろう．この事例が示しているとおり，日本語の実況中継の談話は一見相互協力的な談話にみえながら，実は相互行為の背後に日本文化特有の上下関係（年功序列的関係）や専門家を重視した文化が存在しているといえる．

2）経験者と未経験者の差異化：経験者による未経験者の相互行為からの排除

(10) のやり取りは前半 8 分，試合の立ち上がりから日本がオランダに対して攻勢を仕掛けている中，戦術通り高い位置で（オランダゴールに近いところで）ボールを奪い，チャンスを作った際に行なわれたものである．長友選手が左サイドを上がり，清武選手からパスを受け，ペナルティエリア内に侵入し，シュートではなく，パスを選択しセンタリングを上げたが，そのボールを直接岡崎選手がシュートしたが，ボールがゴールの枠を外れてしまった場面である．

```
(10) 01 A：清武，外を長友が回る．長友だ．中に三人入ってきたぁー！
     02 M：[いやあー！
     03 G：[あー！
     04 A：岡崎のシュートは枠をとらえられません！
     05 M：いやあ，ここの二つで一つ [だったらねぇ，これ．
     06 A：                          [えー
     07 G：こういうとこですけどね．
     08 A：[えー
     09 G：[んー
     10 A：N さんいい展開でしたね．
     11 N：= これ G さん，長友ノールックでシュートっていうのもねー．
     12     [面白かったですけどねぇ．
     13 G：[ねえ (.) それも面白い選択でしたけどね．
     14  (2.0)
     15 A：今日 [は
     16 G：    [ただ中に人数掛けられてますよね．
```

岡崎選手のシュートが外れた直後に M が 05 で「ここの二つで一つだったらねぇ」と述べているが，この発言により M は「パスとシュートだったら，ここではシュートの方がよかった」と見解を提示している．これに対して G は「こういうとこですけどね」と「こういうところでシュートを撃ち，得点をあげなくてはならない（世界トップクラスのチームには勝てない）」という見解を示している．このように解説者である M と G はシュートではなくパスをした長友選手の選択に対して批判的な見解を示しているが，アナウンサーはあいづちをうって相互行為に加わっているものの，この解説者同士の見解の真意をつかめていない．その後アナウンサーは試合開始から繰り返し解説者と確認してきた日本が目指している積極的に攻める戦術が機能していると考え，もう一人の解説者である N に対して「N

さん，いい展開ですね」と 10 で同意を求めている．しかし，その問いかけに対し N はアナウンサーに答えるのではなく，G に対して「G さん，長友ノールックでシュートっていうのもね」と即座に話しかけている．

　このやり取りにおける N の行為は何を示しているのだろうか．まず，N はアナウンサーの質問に答えずに，アナウンサーの質問により与えられたターンを利用し，G に自分の見解を投げかけることで，アナウンサーの見解に同意できないことを示している．それと同時に N はアナウンサーではなく G に話しかけることにより，解説者とアナウンサーという役割の違いだけではなく，第一線で活躍した経験をもつサッカー経験者とサッカー未経験者という立場の違いを明確にし，両者の立場の差異化をはかっている．その時，サッカー未経験者のアナウンサーは経験者である解説者同士のやり取りから排除されてしまい，相互行為に参加できず，2 秒ほどの沈黙が続く（日本の実況放送における 2 秒の沈黙は比較的長いものである）．そしてこの沈黙の後，15 で「今日は」と話を再開させようとするが，すぐに G が発言をすることで，ターンを奪われてしまう．この一つのプレーに関する談話の中で，アナウンサーと解説者の共同的な相互行為は，教授する専門家と教授される未経験者という双方の立場を明確に差異化することになり，アナウンサーは相互行為から排除されてしまう．

　日本語の実況中継の談話は協調的，相互依存的に共同構築されているが，その一方で相互行為において上下（タテ）関係などの人間関係や専門家などの社会的地位を重要視する日本文化的な価値観やコミュニケーションの文化的規範が反映されているのである．つまり，スポーツの実況中継における相互行為においても，タテ社会における日本文化的な価値観や言語行動の規範が色濃く反映され，参与者たちはその規範に則って文化的実践を行ない，その規範や互いの立場を相互行為の中で再認識しているということができるだろう．このような行為選択は片桐（2014: 172）が述べているとおり「上位下位関係を確認するための相互行為シグナルとして機能している」ということになるだろう．

おわりに

　メディアは現実に起きた出来事のすべてを報道することはできない．メディア報道によって届けられる情報は現実に起きた出来事の一部にすぎず，報道する側の視点や価値観が異なればまったく違う「事実」が創り上げられる．我々のもとに届けられるニュースは，複雑で多面的である現実からメディアによりその社会

の価値観をもとに編集されたものである．情報の受け手はその報道内容に影響を受け，現実の見方や注目すべき側面があたかも一つしかないと思い込み，価値観を創り上げられてしまう．また報道される内容だけでなく，ファーガソン（Ferguson 1980）が指摘しているように，アナウンサーたちの文化的規範をもとに選択する言語行動も我々の文化的規範に影響を与え，言語規範が育まれていくということができるだろう．

　メディアに関する研究は多岐にわたり，ここで扱われた内容はそのごく一部でしかない．報道について語る際に，ここで扱った事例よりも適切なものがあったかもしれないし，扱った事例も異なる視点から分析すれば，違う姿にみえるかもしれない．しかし，メディアが伝達する報道内容や報道の仕方が我々の生活する世界や考え方に影響を与え，現実を創り上げているということは疑いの余地がないだろう．

より深く勉強したい人のために

- 『メディアとことば（1）〜（4）』ひつじ書房．
    言語学や社会学で活躍する研究者たちが，ことばの観点から新聞やテレビ報道などのメディアを分析したシリーズ．第1巻「「マス」メディアのディスコース」，第2巻「組み込まれるオーディエンス」，第3巻「社会を構築することば」，第4巻「現在を読み解くメソドロジー」の4巻がある．
- 河原清志・金井啓子・仲西恭子・南津佳広編著（2013）『メディア英語研究への招待』金星堂．
    日本メディア英語学会によって編集された一冊．メディアと英語を軸として，コミュニケーション，英語教育，言語学，そして学際的研究分野における様々な研究が収録されている．
- 橋本純一編著（2002）『現代メディアスポーツ論』世界思想社．
    オリンピックやパラリンピック，ワールドカップなどで繰り広げられるスポーツとスポーツを演出するメディアの関係をさまざまな角度から分析した一冊．スポーツとメディアの関係やメディアスポーツ研究の流れを考察する論考から，さまざまな分野の研究者たちによるメディアスポーツのテクスト分析が含まれている．

文　献

井出祥子（2006）『わきまえの語用論』くろしお出版．
井出祥子（2014）「解放的語用論とミスター・オー・コーパスの意義―文化・インターアクション・言語の解明のために―」『解放的語用論への挑戦』くろしお出版，1-32．

井上逸兵（1995）「日米の野球報道にみる言語と文化の型」『記号の力学』東海大学出版会, 129-142.
片桐恭弘（2014）「対話から見た権威の様態について―能力と敬意」『解放的語用論への挑戦』くろしお出版, 157-174.
多々良直弘（2017）「メディア報道における批判のディスコース：スポーツ実況中継において日英語話者はどのように批判を展開するのか」『社会言語科学』第20巻第1号：71-84.
鍋島弘治朗（2005）「批判的談話分析と認知言語学の接点―認知メタファー理論のCDAへの応用―」『時事英語学研究』日本時事英語学会, 43-55.
藤井洋子・金明姫（2014）「課題達成過程における相互行為の言語文化比較」『解放的語用論への挑戦』くろしお出版, 57-90.
水谷信子（1985）『日英比較：話し言葉の文法』くろしお出版.
三宅和子（2004）「スポーツ実況放送のフレーム―放送に向けられた視聴者の不快感を手がかりに」三宅和子他（編）『メディアとことば2』ひつじ書房, 94-127.
山本敦久（2002）「『高い身体能力』って何」朝日新聞2002年6月30日掲載.
山本浩（2015）『スポーツアナウンサー―実況の真髄（新潮文庫）』新潮社.
Beard, Adrian (1998) *The Language of Sport.*, London, New York: Routledge.
Bell, Allan (1984) "Language Style as Audience Design," *Language in Society* 13(2): 145-204.
Bell, Allan (1991) *The Language of News Media*, Oxford: Blackwell.
Carbaugh, Donal (1990) "Communication Rules in Donahue Discourse," In Carbaugh, Donal (ed.) *Cultural Communication and Intercultural Contact*. Hillsdale, NJ: Lawrence Erlbaum Associates, 119-149.
Fabian, Johannes (1983) *Time and the Other: How Anthropology Makes its Object*, New York: Colombia University Press.
Fairclough, Norman (1995) *Critical Discourse Analysis: the Critical Study of Language,* London: Longman.
Fairclough, Norman (2003) *Analyzing Discourse*, London: Routledge.
Ferguson, Charles A. (1983) "Sports Announce Talk: Syntactic Aspects of Register Variation," *Language in Society* 12: 153-172.
Fowler, Roger (1991) *Language in the News: Discourse and Ideology in the Press*, London: Routledge.
Fujii, Yoko (2012) "Differences of Situating Self in the Place/Ba of Interaction between the Japanese and American English Speakers," *Journal of Pragmatics* 44: 636-662.
Gerhardt, Cornelia (2008) "Turn-by-turn and move-by-move: A multi-modal analysis of live TV football commentary", In Lavric, Eva, Gerhard Pisek, Andrew Skinner, Wolfgang stadler (eds.) *The Linguistics of Football*, Gunter Narr Verlag Tübingen, 283-294.
Goffman, Erving (1981) *Forms of Talk,* Pennsylvania: University of Pennsylvania.
Haviland, John B. (1979) "Guugu Yimidhirr Brother-in-law Language," *Language in Society* 8: 365-393.
Hill, Jane H. (2002) "Japan in the New York Times: An Intertexua Series as Evidence for Retrieving Indirect Indexicals," 井出祥子・片岡邦好（編）『文化・インターアクション・言語』ひつじ

書房, 135-153.
Lakoff, George. and Mark Johnson (1980) *Metaphors We Live By*, Chicago: University of Chicago Press.
Lakoff, George and Michael Turner (1989) *More Than Cool Reason: A Field Guide to Poetic Metaphor*, Chicago: University of Chicago Press.
Machi, Saeko (2009) "Creating "Our story": Repetition in Japanese Conversation", Poster presented at the 11th IPrA conference, University of Melbourne, Australia.
Ochs, Elinor (1990) "Indexicality and Socialization," In J. Stigler, R. A. Shweder and G. Herdt (eds.) *Cultural Psychology*, Cambridge: Cambridge University Press, 287-308.
Romaine, Suzan (1994) *Language in Society: An Introduction to Sociolinguistics*, Oxford: Oxford University Press.
Tudor, Andrew (1992) "Them and Us: Story and Stereotype in TV World Cup Coverage," *European Journal of Communication*, 7: 391-413.
van Dijk, Tuen A. (1998) *Ideology*, London: Sage Publications.

映像資料
2013-2014 シーズン, イングランド・プレミアリーグ Chelsea FC 対 Cardiff City FC (2013 年 9 月 22, 於:Stanford Bridge Stadium, 4 対 1) NHK BS1, Sky Sports.
国際親善試合サッカー日本代表対オランダ代表 (2013 年 11 月 16 日, 於:Cristal Arena, 2 対 2) テレビ朝日.
国際親善試合イングランド代表対ブラジル代表 (2013 年 2 月 6 日, 於:Wembly Stadium, 2 対 1) BBC.

第5章　マルティモーダルの社会言語学
　　　―日・英対照による空間ジェスチャー分析の試み―
　　　　　　　　　　　　　　　　　　　　　　　　　片岡邦好

　「社会言語学」という言語学の一分野が誕生する契機となったのは，生成文法によってチョムスキー（Chomsky, N.）が推進した過剰な認知主義に対する懐疑と反駁であった（Bright 1966, Gumperz and Hymes 1964）．それ以降，ラボヴ（Labov, W.）が主導した言語変異研究とナラティブ分析，そしてハイムズ（Hymes, D.）によるコミュニケーションの民族誌を両輪とし，徐々にバイリンガリズムやピジン／クレオール研究（Ferguson, C., Romaine, S.），社会学の流れを汲むゴフマン（Goffman, E.），サックス（Sacks, H.）らの相互行為／会話分析，ガンパーズ（Gumperz, J.）による相互行為社会言語学やジャイルズ（Giles, H.）の提唱するアコモデーション理論などが合流してその理論的基盤と範囲を拡張してきた．
　そのような流れの中で，社会言語学において「マルティモダリティ」を前面に据えた研究は近年の産物といえよう．ハイムズ自身も，「コミュニケーションの民族誌」の提唱当初から非言語行動の重要性を強調し（Hymes 1972），社会言語学的な分析も散見されるものの（たとえば Erickson and Shultz 1982, Greenbaum 1985），非言語の扱いは常に周辺的であった．また，文法的／音声的変異を同時に分析の射程に収める点で，言語変異研究も広義のマルティモーダルな研究といえなくもないが，プロソディや非言語はほとんど分析対象とされてこなかった．
　マルティモーダル分析が本格的に社会言語学における方法論として導入されるのは，1980年代以降のグッドウィン（Goodwin, C.）らによる相互行為分析や（Goodwin 1980, 1994），ケンドン（Kendon, A.），マクニール（McNeill, D.）らのジェスチャー研究（McNeill 1992, Kendon 1990, 2004）の知見に負うところが大きい．そのような流れは，社会学におけるヒース（Heath, J.）らの職場研究（Heath and Luff 2000, Engeström and Middleton 1998）や社会記号論的メディア研究における視覚言語への関心とも軌を一にし（Lynch 1990, Kress 2010），近年の学際的な潮流を形成している．それを支えたのは，音声・映像データ収集用機材の技術発展とコンピューターの普及に伴う分析ツールの開発・普及であることは論を待たない．
　このようにして時代の産物となったマルティモーダル分析は，社会言語学にお

ける重要なアプローチとして存在感を増しつつある（日本における近年の発展は坊農・高梨 2009，細馬ほか 2011，片岡ほか 2017 などを参照）．コミュニケーションは複数のモダリティ（伝達様式）を通じて易々と営まれている．しかし一見無為にみえるこの行為は，いまだ先端の人工知能をもってしても十全に達成されることはない．それを可能にする暗黙知の解明は，社会言語学のみならず科学全般の課題でもある．本章では，その主要なアプローチを概観し，その流れに沿った筆者の研究の一端を紹介する．

5.1 マルティモーダルの社会言語学にむけて

5.1.1 さまざまなモダリティ

「マルティモーダル分析」（multimodal analysis）とは，複数の伝達様式（ことば，身体，事物，環境など）を個々の寄せ集めではなく，統合的に観察し，各要素および参与者間の協調や相互作用を分析の射程に収めようとする理念／アプローチを指す（Streeck et al. 2011）．とりわけ，ことばに深く関わる要素として「パラ言語」があげられる．パラ言語とは，イントネーション，アクセント，プロソディ，流暢性といった特性を含み，「何を」ではなく「どのように」発するかに関わる要素である．それにより同じ内容の発話がまったく異なる意図と推意を喚起する場合がある．

この認識を反映させようと，近年はさまざまな書き起こし方法が考案され（Du Bois et al. 1993, Jefferson 2004 など），それに触発された研究も多い．たとえば Ono and Suzuki (1992) は，会話におけるある種の音調やポーズが文法化を促すことを指摘している．さらに相互行為におけるプロソディの役割を広範に論じた Couper-Kuhlen and Selting (1996) を始め，ターン交替における「ポーズ」の計量的な言語間対照研究も進められている（Stivers et al. 2009）．また定延（2002）は，「うん」と「そう」の多彩なパラ言語的特徴の解釈と機能を考察する一方，Tanaka (2010) は「ふーん」という応答詞が示す表出性と没入度を相互行為的な視点から分析している．

また非言語に関しては，「視線配布」という行動にもさまざまな相互行為上の機能が認められている．実は 50 年前になされた，視線とターン交替の関係に着目した画期的な研究に Kendon (1967) がある．ケンドンによれば，会話参与者は聞き手のときにより長く，頻繁に視線を向け，話し手となるときには相手から視線

を逸らし，発話末で聞き手との相互注視を達成することで話者交替を合図するという．同様にグッドウィン（Goodwin 1980）は，ターン開始時の会話参与者の視線に着目したところ，話し手は聞き手との相互注視が達成されるまで，音の引き延ばしや中断によって発話の開始を控えることが観察され，言語的要素のみならずマルチモーダルな要因が会話連鎖の構築に深く関わることを示した．

　日本語での相互行為においても，言語構造と視線および他のジェスチャーが協調・協働して連鎖を達成することが確認されている（Hayashi et al. 2002, 西阪 2008）．また，通常会話におけるターン交替では，聞き手も話し手をモニターしながら，自らが次話者として選択されないことを知っている必要があること（Lerner 2003），さらに多人数会話においては，話し手に視線を向けられた聞き手が次話者として自己選択しやすい傾向があることがわかっている（榎本・伝 2011）．またインタビューにおいては，視線のみによるターン交替（の「促し」）を指向する事例がみられることや（秦 2014），発話行為の日・英語対照の観点から，日本語話者の視線配布は「同意」や「容認」の際に，英語話者のそれは「主張」や「言明」の際に生起する傾向があることも指摘されている（片岡 2014）．

　他の身体動作については，会話における参与者の「身体配置」や「姿勢」が果たす役割も大きい．たとえば，会話参与者は身体部位の「捻作」（身体の捻りを伴う動作）により，その場における会話参加への異なる指向性を示しうる（Schegloff 1998）．また，複数の参与者が均等・直接かつ排他的に参与しうる，多様な「F-陣形」（Kendon 1990）が，相互行為のタイプに応じて最適化されることも観察されており，コミュニケーションにおける非言語の役割はますます重視されるようになってきた．

　こういった多様なモダリティの中で，近年多くの関心を集めているのが「ジェスチャー」である．ただしここで述べるジェスチャーとは，「Vサイン」のような通俗的な用法に限定されない．以下ではまず，ジェスチャーの種類と分類を概観したのち，近年のジェスチャー研究において重要なテーマである「ナラティブ」，「視点タイプ」，「語彙化の類型」について確認しておきたい．

5.1.2　分析のための基本概念
a.　ジェスチャー分類

　「Vサイン」のような身振り（他にも「おじぎ」，「アッカンベー」，「ハイタッチ」など）はここで述べるジェスチャーのほんの一部でしかない．これらは，「エ

5.1 マルチモーダルの社会言語学にむけて

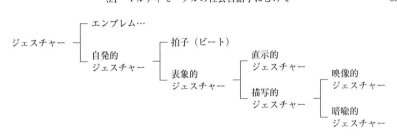

図 5.1　ジェスチャー分類（喜多 2002: 48）

ンブレム」と呼ばれ，「単語」と同様に社会的に慣習化した記号である．本章が対象とするのは，発話に伴って自然に出現する「自発的ジェスチャー」(spontaneous gesture, 喜多 2002) と呼ばれるタイプであり（図 5.1），その形と意味が社会・文化的慣習によって完全には定着していないものを指す．

「自発的ジェスチャー」の中には，小刻みに身体を動かす「拍子／ビート」(beat) と呼ばれるタイプと，時空間の類似性・隣接性に基づいて用いられる「表象的 (representational) ジェスチャー」と呼ばれるタイプがある．ビートは文字どおり拍子をとるような素早い身体（特に指）の振りからなり，談話中の強調点や話題の導入・転換部といった談話構築的な機能をもつとされるが（McNeill 1992），他のタイプに「被さって」なされることも多い．表象的ジェスチャーは，場所や事物への「指差し」に代表される「直示的 (deictic) ジェスチャー」と，身体動作や指示対象との類似性に基づく「描写的 (depicting) ジェスチャー」に分類される．描写的ジェスチャーはさらに，指示対象の動作・位置関係や事物の形態を描写する「映像的 (iconic) ジェスチャー」（「山の形を示す」など）と，抽象的な内容を空間化して描写する「暗喩的 (metaphoric) ジェスチャー」（「時間の経過を示す動作」など）に分類される．ただし「直示〜映像〜暗喩」的ジェスチャー間の境界線は往々にしてあいまいである（Krauss et al. 2000, McNeill 2005）．

b.「ナラティブ」とジェスチャー

会話におけるジェスチャーの役割については，ターンの取得や保持，TRP の標示といったミクロレベルの機能に加え（Schegloff 1984, Kendon 2004, Streeck 2009），「キャッチメント」として談話の一貫性／結束性を達成するというマクロレベルでの機能も指摘されている（McNeill 2005）．その中で，ジェスチャー・タイプと語りの諸相に関連があるという主張は，近年のジェスチャー研究による重要な知見の一つである（McNeill 1992, Cassell and McNeill 1991）．

マクニールは，ラボヴ（Labov 1972）による語りのモデルを発展させ，3層からなる語りのレベルを想定している．最初のレベルは「ナラティブ層」であり，（ラボヴが主張したように）時系列に沿って描写された出来事に言及する部分である．ここでは経験や出来事が，語りの中の「登場人物の視点」(Character Viewpoint: C-VPT) あるいは「観察者の視点」（Observer Viewpoint: O-VPT）に基づき，主に映像的ジェスチャーによって描写される．

第2のレベルは「メタ・ナラティブ層」と呼ばれ，時系列的に発生した出来事そのものではなく，物語の構造的な要素への言及（たとえば「先週のことなんだけど…」とか「これでおしまい！」といった，ラボヴの「要約」,「場面設定」,「結尾」などに相当）を含む部分と考えてよいだろう．暗喩的ジェスチャーはこのレベルで顕著に出現するとされる．最後のレベルは「パラ・ナラティブ層」であり，「語り」の内容から一歩退き，語りの場を構成する聞き手への意識を明示するレベルである．たとえば語り手が USJ を訪れた経験を語る際，「そういえば USJ って行ったことある？」といった聞き手への発話が，このレベルへの意識を示す行為となる（ラボヴのモデルでは明確に規定されていないが，「死にかけたことある？」のような語りを誘発する質問に相当しよう）．ビートはこういったレベル間の変遷や構造化に，直示的ジェスチャー（指差し）はすべてのレベルにおける場所，事物，方向性の指示に関わると考えられている．

以下の節で着目したいのは，語りの中心となる「ナラティブ層」における C-VPT と O-VPT の変異である．後述するように，その変異は語り手の没入度と語りの構築過程を如実に反映する．まず以下では，視点取りの様式とジェスチャー形式との対応（視点タイプ）を概観する．

c. 「視点タイプ」とジェスチャー

マクニール（McNeill 1992）が「登場人物の視点」（C-VPT）に基づくと定義したジェスチャーは，語り手が「いま・ここ」における自分以外の指示基点に視点を移し，かつて（あるいは未来）の自己または他者（＝登場人物）の視点から事態を描写するものである．たとえば図 5.2 (a) がこれに該当し，語り手が "to throw him" と述べながら，「投げる」という「ストローク（実施）・ジェスチャー」（McNeill 1992）を行っている（テキスト中の波線部分）．これは語り手が登場人物である Mr. X の視点および身体に同化して実施した C-VPT ジェスチャー（以下，「C-ジェスチャー」）である．

一方，「観察者の視点」（O-VPT）に基づくジェスチャーとは，語りにおける他

5.1 マルチモーダルの社会言語学にむけて

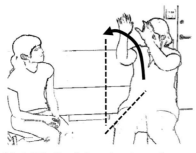

(a) C-VPT: Mr. X is going to ... throw him across (the cliff).

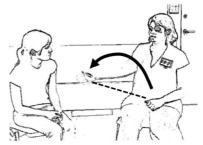

(b) O-VPT outside: He asked Mr. X to help him get across ... the cliff.

(c) O-VPT inside: Mr. White circle climbs onto Mr. Yellow circle's head.

図 5.2　C-VPT と O-VPT (outside, inside) に基づくジェスチャー

者の行動あるいは事物の位置関係などを，観察者として客観的に描写するものである．たとえば図 5.2 (b) にみられるように，"… help him get across … the cliff." と述べながら，身体前面で崖の向こう側への移動を（ここでは左側から右側へ 2 回）描写するような場合である．ここにおける視点は，Mr. X でも「彼」でもない観察者（想像上の第三者）にあり，ゆえに「O-(VPT) ジェスチャー」として実現されている．

ただしジェスチャーの視点取りに関して，マクニールは段階的な「距離（distance）」を認めている（McNeill 1992: 192-193）．まず，図 5.2 (a) の C-VPT は登場人物の視点に同化している点で最も近距離からの描写であり，距離の近さは描写の重要性と没入度に比例すると考えられる．一方，図 5.2 (b) は観察者による遠距離からの視点取りであり（"O-VPT outside"），最も客観的な視点取りといえ

よう．さらに McNeill は，O-VPT に関して図 5.2 (a) と (b) の中間的な距離から語る "O-VPT inside"（図 5.2 (c)）を想定している．これは，語り手が登場人物に完全に同化するのではなく，たとえばその傍らに立って，しかし客観的に描写する視点である．図 5.2 (c) において語り手は，白い丸型の登場（人）物が黄色い丸型の登場（人）物の上に登る様子を，あたかも眼前の出来事であるかのように，図 5.2 (b) よりも高い位置で描写している．

　予想される相関として，まず語りの冒頭部分（「要旨」や時空間の設定）では，観察者の外在的／客観的な視点による O-ジェスチャーが好まれ，「語り節」(narrative clause) によって語りが進展するにつれて登場人物の内在的／主観的視点による C-ジェスチャーに移行すると考えられる．さらにクライマックスの際には，複数の視点が融合する「二重視点（dual viewpoint）ジェスチャー」の出現も予想される（McNeill 1992: 123．複数の表象部位を考察した事例は Parrill 2009，片岡 2011 を参照）．

　以上のことから，ジェスチャーは刻々と変化する発話者の内面を垣間見るための有効な窓口となりうる．特に表象的ジェスチャーに関しては近年，「語彙化の類型」(Talmy 1991, 2000) に起因する差異がジェスチャーの表出にも関わることが指摘され始めた．本分析の基盤となる概念であるため，以下でその要点を確認しておきたい．

d. 「言語類型」とジェスチャー

　McNeill は言語およびジェスチャー表現の源となるような心的表象の基本単位を「成長点」(growth point) (McNeill and Duncan 2000) と呼ぶ．この理論では，根源的な心的イメージが異なる様式で，つまり言語とジェスチャーを通じて，発現すると想定するが，両者の関係については不明な点が多い．たとえば，両者は独立したプロセスであるとする主張や，言語化された内容のみがジェスチャーに表出するといった仮説に加え，近年はジェスチャーが言語固有の発話単位による調整を受けるという新たな提案もなされている（詳細は Kita and Özyürek 2003）．

　Kita and Özyürek (2003) による第 3 の提案に至る理論的基盤は，Talmy (1991, 2000) が提案する「語彙化の類型」にある．Talmy によれば，言語によって「中核スキーマ」(core schema：経路・位置概念) を動詞に埋め込むか（たとえば "He entered the room."），「衛星」(satellite) と呼ばれる動詞への付加詞／付随要素（"He went into the room."）に埋め込むかという二つの大きな類型があるという．ここではどちらも英語の例を用いたが，前者はフランス語，イタリア語，ス

ペイン語，トルコ語，日本語などに顕著であり，「動詞枠付け言語」（verb-framed language: VF 言語）と呼ばれる．一方，後者は英語，ドイツ語，ロシア語，ハンガリー語，中国語などに顕著であり，「衛星枠付け言語」（satellite-framed language: SF 言語）と称される（大堀ほか 2007）．

　この結果，VF 型においては「移動の様態」（manner）は補完的に副詞的要素にコード化され，経路情報は動詞に埋め込まれるために「経路動詞」（path verb）が多用される（descend, traverse, reach, cross など）．一方 SF 型においては，「様態」が動詞に埋め込まれるために「様態動詞」（manner verb）が多用され（crawl, walk, skip, roll, saunter など），経路概念は付随要素として発現する．したがって，日本語の場合は「副詞（・擬態語）＋（経路）動詞（＋後置詞句）」といった要素により空間移動が言語化される一方で，英語の場合は「（様態）動詞＋副詞・前置詞句」といった要素により空間描写がなされることが典型となる（松本 1997）．

　実はこのような空間概念のコード化の差異が，表象的ジェスチャーの表出とも関わることが Kita and Özyürek（2003）による研究からわかってきた．彼らは *Sylvester and Tweetie Pie* というアニメーションを被験者（アメリカ英語・トルコ語・日本語話者）に視聴させた後，その物語を語らせた際に現れた身振りのタイプを分析した．その結果，登場人物（猫のシルベスター）が坂を下る動作を被験者が語る際，各言語に特徴的なジェスチャーとともに発せられたことがわかった．

　上述のように，英語は SF 型であるため空間移動が "roll" という様態動詞一語と "down（the hill）" という衛星によって言語化されるが，VF 型である日本語（とトルコ語）では「転がって」という様態動詞と，「下る／行く」という経路動詞に分割され，複合動詞として発せられる．そこで，発話に共起したジェスチャーを「様態のみ（ඏ）」，「軌道のみ（ˎ）」，「様態＋軌道融合（ൟ）」というジェスチャーに分類したところ，英語では，知覚した行為を "roll down" という一つの出来事（「様態＋軌道融合」）として身体化するのに対して，日本語（とトルコ語）は「転がって（様態）」と「下る／行く（軌道）」を分離された概念（「様態のみ」または「軌道のみ」）として身体化する傾向があった．つまり，おのおのの言語に特有の事態の捉え方を言語と身体両面において採用していたのである．

　そこで以下は，このような知見を言語とジェスチャーのマルチモーダル分析に援用し，さらに語りにおける空間描写と視点の分析から，「主観的描写を好む日本語」と，「客観的描写を好む英語」という従来の直観的な類型化の是非を検証する．

5.2 データおよび分析方法

　ここでは，日本語・英語母語話者の「語り」の中に出現した言語／非言語的な空間描写を量的／質的に分析し，日・英語間の異同の一端を明らかにすることを目指す．本分析のデータ収集のために，*Mister O*（『ミスター・オー』, Lewis Trondheim 著）というセリフのない，1 ページ 60 コマ完結の大人向けの絵本を用いた（井出・藤井 2014 参照）．そこから上下・左右への空間描写が豊富な 2 ページを選び，さらに各ページから空間移動が顕著な 15 コマを抽出したカード（図版は図 5.3 参照）を作って参加者に与え，その限られた情報から「最も自然なストーリー展開となるようにカードを並べ替える」というタスクを課した．タスクの参加者は，日本語・英語を母語とする東京および東京近郊在住の，10 代後半から 20 代前半の成人女性である．今回の分析では，「社会的ステータス」が等しいペア（学生同士）のみを取り上げ，その他の要因（「ステータスの差」，「親疎」，「年齢」など）は考慮していない．

　データ収集には 3 種類の課題が含まれ，(1) 二人一組でカードを並べ替えて物語を作成する「タスク」，(2) 各参加者がタスクを通じて作成した内容を　他者に語る「ナラティブ 1」，そして (3) 同じペアでおのおのが「びっくりしたこと」について語る「ナラティブ 2」からなる．本分析では，(2) の「ナラティブ 1」のみを分析対象としている．また参加者には，協働して作成する物語に「正解はない」と伝えてあり，必ずしもオリジナル通りの物語を再構築したペアばかりではない．ただし本分析では，参与者間の語りとジェスチャーの対応を検証するために，オリジナル通りの物語を再現したペアのみを対象とした（日・英語話者各 6 名）．

　収録されたデータは，音声・映像分析用ソフトウェア ELAN によるコーディングに基づき量的に分析するとともに，以下の「視点ジェスチャー」の分類に沿って身体動作を質的に検討した．本章での分析項目は，「移動動詞のタイプ」として，(1) 様態動詞，(2) 経路動詞，(3) 直示動詞の 3 項目，また「視点タイプ」（表象的ジェスチャーのみを対象）として，(1) C-VPT（C と略記），(2) O-VPT inside (Oi)，(3) O-VPT outside (Oo)，(4) ジェスチャーなし (X)，の 4 項目とした．なお，コーディングに際しては，まず研究補助員が行なった分類結果を筆者が確認し，判断が分かれたものについては相談のうえ調整を行なった．

　まず以下の 5.3.1 項では，従来の動詞意味論的な分類（様態動詞／経路動詞）に

沿って日・英語を比較検討し，空間移動表現についての従来の知見を検証・追認する．ただし「空間描写」をコミュニケーションのためのマルチモーダルな実践ととらえれば，発話と同時に産出されるジェスチャーを考慮せずに空間描写の全体像を語ることはできない．したがって 5.3.2 項では，根源的な心的イメージが言語および身体という異なるチャンネルを通じて具現化するという想定に立ち (McNeill and Duncan 2000)，空間描写を心身両面（ここでは言語とジェスチャー）からなる全人的な伝達行為として考察する．5.3.3 項では，日・英語の語りにおける，クライマックでの視点ジェスチャーの嗜好性を，日・英語対照研究における従来の主張との関連から比較検討する．

5.3 分析と考察

5.3.1 言語が映す空間移動

従来の空間移動表現の分析は，中核スキーマを動詞に組み込むか衛星に組み込むかという類型論的観点から行なわれてきた．そこでまず，この従来の様態，経路動詞の分類（松本 1997, Ohara 2002）に基づき，本データ中に出現した移動動詞の使用頻度を提示してみたい．分析対象は，水平・垂直方向への移動を表す「移動動詞（＋様態／経路付随要素）」による空間描写である．また，ダイクシス（特に直示動詞）が言語特有の振る舞いをする可能性（大堀ほか 2007），さらに従来の様態／経路動詞に加え，直示動詞（たとえば「（走っ）てくる」）の言及頻度を含めた移動表現の類型が必要であるという提案（松本ほか 2014）に基づき，表 5.1

表 5.1　データ中で用いられた言語的移動描写

	日本語	英語
様態動詞	歩く，跳ぶ，乗る，弾む，転がる，ジャンプする，バウンドする	walk, jump, spring, bounce, flip, catapult, launch, wander, bring, climb,
経路動詞 1	戻る，渡る，出る，落ちる，超える，届く，通る，ひっくり返る，折り返す，途切れる，当たる	reach, turn, cross, fall, leave
経路動詞 2（直示動詞）	行く，来る	come, go
衛星（付加詞）	～から，～まで，～へ，～（逆／向こう／こっち）に，	across, over, to, back, off, around, up, down, along, behind, on（to）

では直示動詞（「行く／来る」）を除いた経路動詞を「経路動詞1」，直示動詞を「経路動詞2」として区別する．なお表5.1中の動詞と衛星の事例は，データ中に出現した主なものである．また，「（上／下に）なる」や"get (across)"などの（軽）動詞は本分類には該当しないが，広義の空間描写として5.3.2項で考察する．

以上の動詞分類に基づき，日・英語各6名の参加者が空間描写に用いた移動動詞の使用頻度は以下のとおりとなった（表5.2）（なお，表中の「様態／経路」とは「様態動詞／経路動詞」を指す）．表5.2より，先行研究（Slobin 1996, 2004; Ohara 2002）で指摘されたように，日本語では中核スキーマ（移動の方向性や経路・位置関係）を動詞として語彙化するために「経路動詞」が多用され（44.7%），様態は「衛星」（後置詞句，副詞句〔オノマトペ含む〕，テ系動詞による副詞節など）に埋め込まれて様態動詞の使用頻度が英語に比べて低い（55.3%）ことがわかる．ただし日本語に関しては，衛星と移動動詞の共起率は高くなく（0.41），共起しても「上／下に」，「向こう（側）へ」，「崖に」などの限られた付随要素以外は，「てくてく」，「べちゃって」，「くるんって」のようなオノマトペであった（cf. Kita 1997）．

一方，英語においては様態が動詞として語彙化される傾向が強いために「様態動詞」が多用され（69.6%），中核スキーマは主に衛星に埋め込まれるために経路動詞の生起比率は低い（30.4%）．また表5.2中の「衛星比率」から，動詞に対する衛星の共起率が日本語の3倍以上（0.41対1.25）となっており，経路情報は主に衛星によって表されることが確認できる．つまり限られたデータながら，日・

表5.2 日・英語ナラティブにおける各動詞タイプの頻度

言語	Vタイプ／衛星		生起頻度（%）		衛星比率
日本語 (N=150)	様態		55.3 (83/150)		61/150 = 0.41
	経路	経路1	26.7 (40/150)	44.7 (67/150)	
		経路2	18.0 (27/150)		
	衛星		N=61		
英語 (N=79)	様態		69.6 (55/79)		99/79 = 1.25
	経路	経路1	15.2 (12/79)	30.4 (24/79)	
		経路2	15.2 (12/79)		
	衛星		N=99		

5.3 分析と考察

英語間では様態動詞と経路動詞および衛星の出現頻度における差が顕著であるとする従来の知見が確認できる（Ohara 2002）（ただし松本の指摘とは異なり，本分析では日本語直示動詞の比率が特に高いとはいえない．これは両研究において発話を誘発するためのタスクの差に負うところが大きいと考えられる）．

上述の通り，本項では，従来空間描写の中心をなすと考えられてきた様態／経路動詞（および衛星）に加え，フレーズとしてほぼ等価の中核スキーマを含むと考えられる空間描写も分析対象とする（以下の (1)）．これらは，一般的な様態／経路動詞と意味論的特性が異なるため（松本 1997），従来の分析には含まれてこなかった動詞である．また本分析では，描写される様態／経路スキーマそのものに焦点を当てるため，当該の空間移動の使役性（たとえば "He dropped the ball." と "The ball dropped." の差）は問題としない．

(1) 等価表現
 a. 日本語：「副詞（句）＋（軽）動詞」
  例：「バネにする（＝spring）」「踏み台にする（＝catapult）」（様態），「上に／下にする・なる」（経路）
 b. 英語：「（軽）動詞＋衛星」
  例："Get across/over the cliff," "make it to the other side"（経路），"give him a boost（over the cliff）"（様態）

本データ中には特に英語 "get" を用いた描写が多く，総数 17 例を数えた．英語の様態／経路動詞の総数が 79 例であることを考えると（表 5.2），"get" を用いた空間表現の拡張性は特筆に値する．同様に，日本語の「する／なる」系の軽動詞を含む空間描写（「上／下になる」）も 5 例観察された．それらの移動表現は，他の様態／経路動詞と同様，すべてジェスチャーを伴って発されていた．したがって次項では，(1) における動詞（群）を分析に加え，それらに付随する空間ジェスチャーに埋め込まれた「視点タイプ（C-VPT／O-VPT）」に基づく集計結果を提示する（(2) a〜c）．

(2) 本章の「空間描写」の内訳

	様態／経路動詞	空間ジェスチャー	
a.	＋	－	従来の空間移動動詞分析の対象
b.	＋	＋	本分析の対象（両者は共起）*
c.	－	＋	本分析の対象（ただし該当例なし）
d.	－	－	分析対象外

*従来の「様態／経路動詞」に (1) の等価表現を追加

以下では，(2) a〜c の「言語＋ジェスチャー」の総体を便宜的に「空間描写」と呼び，言語のみによる「空間表現」と区別する．従来は，空間ジェスチャーも経路または様態に分類されてきたが (Kita and Özyürek 2003, Brown and Chen 2013)，本データ中には両者が融合した事例が多く分類が困難であったため，それに代わり動詞タイプに付随した「視点タイプ」によるジェスチャー分類を行なった．また，空間表現は伴わず，ジェスチャーのみで様態／経路が描写される可能性もあるが（上記 (2) c），本データ中に該当例はみつからなかった．したがって以下の分析対象は (2) a, b の空間描写となる．

5.3.2 空間描写と視点タイプ

ここでは，包括的な空間描写の対照分析のために分析対象を拡張し，動詞句とそこに同起したジェスチャーの視点タイプを考察する．以下の分類は前項の分析とは次の2点で異なる．①従来の「様態／経路」動詞分類（たとえば Kita and Özyürek 2003, Brown and Chen 2013）に加えて同等の空間移動スキーマを含む表現も対象とし，②その空間描写に付随するジェスチャーの「視点タイプ」に沿って分類している．これは語りの出来事に対する各言語話者の「距離感」を考察するものであり，同一の出来事を語る際，どこに「オリゴ（認識の基点）」を設定するかを比較検討するためである．なお表5.3中の「Oo」は「O-VPT outside」，「Oi」は「O-VPT inside」，「C」は「C-VPT」をそれぞれ表す．ただし，日本語においては「Oi」と「C」の判別が非常に困難な事例が散見されたため，本分析では「Oi/C」と分類した．また「X」とは，様態／経路描写に何らジェスチャーが付随しなかった事例である[*1]．

言語間の差が明瞭にみられた5.3.1項の結果とは異なり，表5.3では両言語で類似した動詞分布が観察できる．まず言語別の動詞タイプ（様態動詞，経路動詞1・2）の分布をみる限り，前項でみた従来の日・英語の語彙化に基づく差異がほぼ消失していることがわかる．日・英語とも様態描写（様態動詞＋等価表現）が全体の動詞表現に占める比率は55％程度，経路描写1（経路動詞＋等価表現）については30％前後となり，大きな差はみられない．同様に，経路描写2についても日

[*1] 同じ空間描写やジェスチャーが繰り返された場合は1件とカウントした．なお，本分析では空間移動動詞のみを対象とし，「いる／ある」や "be"，"stay" などの状態動詞，空間位置を指差しなどで同定する（移動を含まない）ジェスチャーは除外した．

本語での比率がやや高いものの（17.4%対 12.2%），表 5.2 における比率（18.0%対 15.2%）と大差はない．この結果は，従来の移動動詞の分類を拡張して包括的「空間移動描写」を対象にすれば，空間概念の表出における言語間較差は顕在化しないことを示唆している．

むしろ表 5.3 は，事態を描写する際の「視点タイプ」という別の言語間較差を浮き彫りにしている．まず，日本語と英語では動詞と視点タイプの親和性が異なるようにみえる．日本語の様態描写については C-ジェスチャーが高い比率で生起しているが（26.5%），経路描写 1, 2 では典型的に Oo-ジェスチャーと X（ジェスチャー付随せず）が優勢となる．かたや英語の場合，様態描写，経路描写いずれにおいても Oo-ジェスチャーの使用が圧倒的に多く，かつジェスチャーが様態／

表 5.3　純粋な経路動詞以外の動詞を含めた頻度

動詞タイプ	視点タイプ	日本語 N	%		英語 N	%	
様態描写	C	22	26.5		6	10.9	
	Oi/C	3	3.6		0	0.0	
	Oi	22	26.5		14	25.5	
	Oo	21	25.3		33	60.0	
	X	15	18.1		2	3.6	
	小計	83	100.0	53.5	55	100.0	56.1
経路描写 1	C	4	8.9		2	6.5	
	Oi/C	1	2.2		0	0.0	
	Oi	10	22.2		7	22.6	
	Oo	16	35.6		18	58.1	
	X	14	31.1		4	12.9	
	小計	45	100.0	29.0	31	100.0	31.6
経路描写 2 (直示動詞)	C	2	7.4		1	8.3	
	Oi/C	4	14.8		0	0.0	
	Oi	1	3.7		1	8.3	
	Oo	10	37.0		6	50.0	
	X	10	37.0		4	33.3	
	小計	27	100.0	17.4	12	100.0	12.2
動詞計		155	71.8 (155/216)		98	49.7 (98/197)	
衛星		61	28.2 (61/216)		99	50.3 (99/197)	
動詞＋衛星		216			197		

凡例：Oo＝O-VPT outside, Oi＝O-VPT inside, C＝C-VPT, X＝ジェスチャー付随せず，Oi/C＝Oi と C の判別困難．

経路描写として「身体化されない」事例 (X) は比較的稀であることがわかる．

Slobin (2004) によれば，移動現象を描写する際に「様態」情報を日常的かつ容易に提供できる言語 (high-manner-salient language) とそうでない言語の類型があるとされ，日本語は前者であると述べている．この類型に従えば，日本語では (行為者に関わる) 様態情報は C-ジェスチャーによって容易に提供できるが，ジェスチャーによる経路描写は余剰な情報として回避されやすいとも推測できる (しかし，言語とジェスチャーの関係は補強，相補，背反といった異なる対応を示すことも指摘されており，一面的な憶測は避けるべきであろう)．

ただし，日・英語いずれにおいても「様態＜経路1＜経路2」の順番でX (ジェスチャーなし) の比重が高まる．これは直示動詞「行く／来る」の文法化の度合いに影響を受けているのではないかと推測される (大堀ほか 2007)．ここで分析対象となっているのは，あくまで空間移動を示す直示動詞であるが，日・英語 (そして他言語) において移動動詞の中で最も文法化が進んでいるのが直示動詞であり ("be going to do"「〜ていく／くる」)，「相／時制」や「視点表示」といった補助動詞的機能が増大し，それゆえ空間移動描写がジェスチャーにおいても希薄になりつつある可能性を示している．

日・英語に共通するもう一つの興味深い点は，たとえ様態／経路動詞が用いられたとしても，否定辞が含まれる場合は (「向こうには行けなくて…」)，ジェスチャーとは共起しない点である．この場合，そもそもジェスチャーが動員されないか，ジェスチャーの「準備」はなされても，手指がホールドされて「ストローク」は実施されずに終わっている．

最後に，日本語は移動描写全 155 例のうち 28 例 (22＋4＋2：18.1%) が C-ジェスチャーにより描写されるが，英語においてはわずか 98 例中 9 例 (6＋2＋1：9.2%) にとどまっている．また，英語のナラティブにおいては，Oi-ジェスチャーと C-ジェスチャーの区別が難しいと判断された事例 (Oi/C) は一件もなかった．つまり McNeill の分類は英語話者の視点タイプの区別には有効であるが，日本語話者の視点タイプの分類には新たなカテゴリーが必要となる可能性を示唆する．この点は今後の研究に委ねたい．

5.3.3　ナラティブにおける視点タイプ

a.　距離感

前項では計量的な側面から空間表現と視点タイプの親和性を考察したが，ここ

5.3 分析と考察

ではナラティブの全体構造と視点タイプの対応についてふれてみたい．図 5.3 は，調査対象者全 12 名の空間描写が語りのどの局面で（つまり，どの図版に対して）用いられたのかを一覧表にしたものである．当該のストーリーには，2 回の顕著なクライマックス（つまり「中くらいの丸」が 2 度とも崖の対岸に渡れなかった顛末）が描かれている（図 5.3 中の図版 4～8 および 11～14：破線四角）．なお図 5.3 の表示に際して，日本語に顕著であった「Oi/C」という分類は，日本語のタイプ化に過度に有利とならないよう，より保守的な（conservative）分類である「Oi」として記載してある．

ここで考慮すべき点が二つある．まず，空間移動描写が必ずしも語りの展開に直接結びついている（つまり「語り節」（Labov 1972）として語りの展開を推進する）とは限らず，「場面設定（Labov の "Orientation"）」として用いられる場合もあるということである．これは Labov (1972) が「自由節」（語りの展開に関与せず，自由に出現しうる節）と呼んだ要素である．たとえば，図版 4 の場面で J2 により行なわれた「黄色は…白い丸を使って…こう，上に乗っかって飛び越えようと思ったんですよ」という描写は，図版 7, 8 で起こる移動情報を先行的に含んでいる．つまり，「飛び越える」という様態／経路複合動詞は図版 4 を描写する要素ではない．このように，クライマックスにおいては語りの「粒度」が高まり，詳細な場面設定がなされる傾向があることから，自由節の比重が高まると予想される．したがって自由節を語り節と区別し，自由節とともに用いられたジェスチャーは括弧に入れてある．

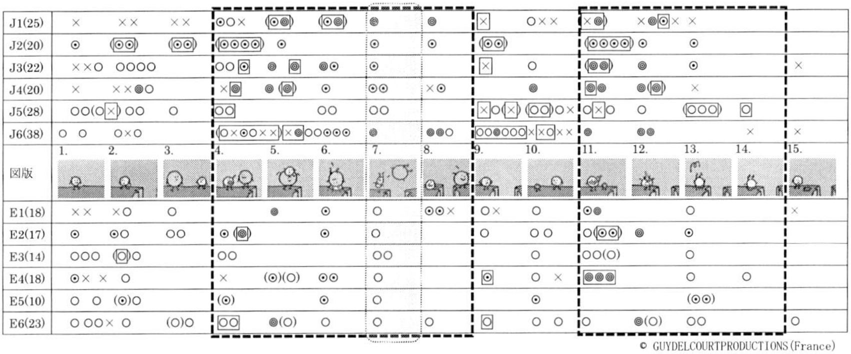

図 5.3 語りの構造と移動動詞に付随するジェスチャーの視点タイプ

×＝ジェスチャーなし，○＝O-VPT(outside)，⊙＝O-VPT(inside)，◉＝C-VPT，（　）＝自由節，□＝思考・発話の引用．

次に，日本語談話においては「思考／発話の引用」にあたる多様な表現が用いられる（鎌田 2000, 山口 2009）．日本語の引用表現は，英語のそれほど形式的に明瞭ではないが，本分析では明瞭な直接引用のみならず，間接引用および思考の引用も考察に含めている．語り中の引用発話は登場人物の「声」を代弁することから，クライマックスとの親和性が予想される．事実，上述の J2 の発話は，自由節による思考内容の引用となっている．よって図 5.3 では，「引用」内で用いられたジェスチャーの視点タイプは四角の中に示してある．以下ではまず，これら「自由節」と「引用」に簡潔な考察を加える．

まず，図 5.3 を一瞥する限りでは，日本語データにおける密集度の高さと分布の多様さといった，漠然とした傾向しか見て取ることができない．そこで語りの展開をクライマックス部分（図版 4〜8, 11〜14）と非クライマックス部分（図版 1〜3, 9〜10, 15）に分割し，9 対 6 の母比率不等による直接確率計算を行った結果が表 5.4 である（もともと分布に偏りがあるため片側検定）．表 5.4 (a) の結果より，クライマックスでは「自由節」および「思考／発話の引用」が母比率（9 対 6 = 1.5 対 1）以上の比率で生起してはいるものの（たとえば，日本語・自由節の比率は「27 対 11 ≒ 2.5 対 1」である），これらの要因について統計的に有意な傾向は確認できなかった．

表 5.4 談話構造と自由節／引用 (a) および視点タイプ (b)

(a)

視点　　　　母比率	（片側確率）	クライマックス：9	非クライマックス：6
自由節 ( )	日 p = 0.1089 ns (.10<p) 英 p = 0.1243 ns (.10<p)	27 11	11 3
思考／発話引用 □	日 p = 0.2907 ns (.10<p) 英 p = 0.2963 ns (.10<p)	38 8	21 3

(b)

視点	（片側確率）	クライマックス：9	非クライマックス：6
C：(◉)	日 p = 0.0005 ** (p<.01) 英 p = 0.0101 * (p<.05)	26 9	3 0
Oi：(⊙)	日 p = 0.0075 ** (p<.01) 英 p = 0.1584 ns (.10<p)	29 16	7 6
Oo：(○)	日 p = 0.0113 * (p<.05) 英 p = 0.0262 * (p<.05)	21 27	28 31
No gesture (×)	日 p = 0.0020 ** (p<.01) 英 p = 0.0059 ** (p<.01)	14 2	25 9

ただし，本項のテーマでもある視点タイプが示す「距離感」については顕著な結果が得られた．表5.4 (b) より，日・英語いずれにおいてもクライマックス部分で近視点のジェスチャーが，非クライマックスにおいて遠視点のジェスチャーおよびジェスチャーの不使用が有意に観察された（灰色部分）．具体的には，談話構造と視点タイプについて「クライマックス〔◎＞⊙＞○＞✕〕非クライマックス」という段階的な指向性が確認できる（矢印）．特に近視点ジェスチャー（C および Oi）については，日本語においてより顕著な嗜好性が確認でき，5.3.2項で想定された言語間較差（日本語とC-VPTの親和性）を追認することとなった．

興味深いことに，Kita and Özyürek (2003) の実験では「出来事内視点」によるジェスチャー（本分析の「C-ジェスチャー」）が観察されたのはトルコ語話者のみであり，日・英語話者にはほとんど観察されなかったと述べられているが (Kita and Özyürek 2003: 25)，本分析では日・英語間較差の最も顕著な指標の一つとなっている（この点についてはタスクの差が関係すると思われるが，今後さらなる究明が待たれる）．事実，語りのクライマックスにおける空間移動描写を質的に比較すると，日・英語間の明瞭な差異を観察できる．そこで次項では，「崖を飛び越す」という描写における視点タイプを質的に比較・検討する．

b. 同一事態に対する視点選択

上述のとおり，日・英語とも，クライマックスの際にC-ジェスチャーを，かつ非クライマックスにおいてO-ジェスチャーを用いる（あるいはジェスチャーを用いない）傾向が有意に強いことがわかった．このクライマックスを構成する描写は，大きな，あるいは小さな円形の物体を自分の頭に乗せ，その物体をカタパルトにして崖を飛び越えようとする描写である．

この2回のクライマックス部分のジェスチャーを詳細に観察すると，日・英語ともすべての話者が「丸い物体を頭に載せる」言語描写を行い（図5.3の図版4〜5，11〜12），その2回のいずれかで，多くの話者（日・英語とも6名中4名）が登場人物の視点に乗り込んで（つまりC-ジェスチャーを用いて）その様態を描写していた（図5.3参照）．この点については日・英語間で差はみられないが，「崖を飛び越す」という描写（図版7）における視点タイプに顕著な差がみられた．この描写はクライマックスの中でも日・英語話者全員が言語とジェスチャー両面による空間描写を行なった場面であり，比較の対象に相応しいと考えられる．その場面の参加者全員の空間描写（発話＋空間ジェスチャー）を示したのが図5.4, 5.5である．

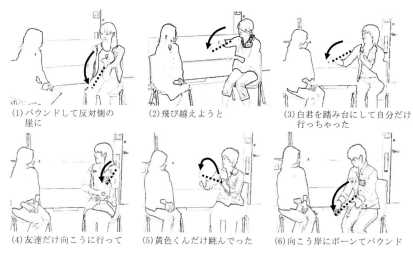

図 5.4　日本語データにおける図版 7 の描写

図 5.5　英語データにおける図版 7 の描写

　日本語の場合,話者 (5) を除くすべての語り手が身体前方に向けて「飛び越す」ジェスチャーを行なっていることがわかる (図 5.4). ここで C-ジェスチャーを用いたのは話者 (1) と (6) であり, 両者とも両手を用いて前方へのジャンプを描写している. 話者 (2) (3) (4) は片手で, 肩の高さから弧を描いて前方にひじを伸ば

すというジェスチャーを行なっている．動作は登場人物と同化してはいないものの，手指の射出方向から，登場人物の近傍に立って同一方向に視線を向けていることが見て取れる（これは今回「Oi」に分類されたジェスチャーである）．一方，英語の空間描写は対照的である．参加者の誰一人としてC-あるいはOi-ジェスチャーを用いた者はおらず，弧の大小はあるものの，全員がOo-ジェスチャーによって右方への空間移動を描写している．

以上の考察では，移動状況別の様態／経路動詞の選択的嗜好性（松本ほか2014）や，特定の移動動詞と共起したジェスチャーの対照分析（Kita and Özyürek 2003, Brown and Chen 2013）とは異なり，身体を介した視点表出の変異に焦点を当て，日・英語間で共通／相反する多様な嗜好性がみられることを検証した．特に，「崖を飛び越える」という，この語り中で最も際立った空間移動を描写する際に，両言語の話者が採用した方法は「様態／経路」動詞の使用傾向よりも明瞭な差がみられた点は特筆に値するといえよう．従来視点取りのタイプや多様性について，言語間対照を含むさまざまな議論があるものの（池上1981, 井出2006, 大堀ほか2007），直観的な考察や逸話的な指摘に基づくか，言語表現のみを対象として行われてきた部分が多い．コミュニケーションは全人的な伝達・受容行為であるという視点に立てば，本章でみたとおり身体行動を含むさらに包括的な議論が求められることはいうまでもない．

まとめ

本分析結果から，日・英語に共通する点として，どちらもクライマックスでより「近視点ジェスチャー」に移行する傾向（◉＞⊙＞○＞×）が観察されると同時に，非クライマックスにおいて「遠視点ジェスチャー」または「ジェスチャーの不使用」が観察された．同時に，看過できない言語間較差も浮かび上がった．まず日本語の語りでは，使用された視点タイプについて個人差が大きいが（空間描写をOo-ジェスチャーのみで行なう話者もいれば，ほとんどをC-ジェスチャーで行なう者もいる），全般的に近視点ジェスチャーの比率が高いことがわかった．また日本語話者は，さまざまな融合的視点を用いる一方で，経路動詞にジェスチャーが伴わない比率が英語話者に比べて全般的に高かった．

一方，英語話者による空間描写では，Oo-ジェスチャーをデフォルトとして用いるという全般的な傾向がみられたものの,「頭に載せる」という様態描写の際にはC-ジェスチャーを用い,「崖を飛び越える」という経路描写には一貫してOo-

ジェスチャーを用いるという，移動動作別の使い分けがなされていた．また，様態／経路動詞にジェスチャーが伴わない比率は日本語に比べて低いこともわかった．

　これらの結果が示すのは，広義の空間描写の分析のためには，様態／経路（さらに直示）動詞という言語学的な類型に加え，身体的モダリティを介して浮かび上がる「視点階層の類型」が有益となることを示している．つまり，空間移動という出来事の語彙化の類型が異なると同時に，マクニールが述べるところの「成長点」を言語／身体的に抽出・具現化する際のモダリティ間の比重も言語によって異なることを示唆している．

　従来の社会言語学は，年齢，階層，性差などの社会的要因を扱うのが常であるが，マルチモーダル分析では，相互行為における人間共通の振る舞いに焦点を当てることが多いため，社会的要因は捨象される傾向にある．本章の分析も視点タイプという認知的側面に注目することで，社会的側面の扱いは周辺的であった．マルチモーダル分析を社会言語学に取り入れることは，この点で大きな挑戦となると同時に，そのアプローチが適切に応用されれば，さらなる知見を生む可能性を秘めているといえよう．今後ますます近隣分野との接合によるマルチモーダル分析の展開に期待したい．

より深く勉強したい人のために

　「マルチモーダルの社会言語学」は展開の端緒についたばかりである．言語変異を正面切って扱うマルチモーダル分析はほぼ皆無という状況だが，日常会話／談話をマルチモーダル（かつエスノグラフィック）に扱った書籍として以下を薦める．

- 片岡邦好・池田佳子・秦かおり（編）（2017）『コミュニケーションを枠づける』くろしお出版．
  　日常的な言語活動に参加する際の，「参与の枠組み」の変異や多様性を扱い，社会言語学・相互行為分析の観点から，言語，身体，環境といった要因の相互作用を検討している．

- Streeck, Jürgen, Charles Goodwin and Curtis LeBaron（eds.）（2011）*Embodied Interaction: Language and Body in the Material World*. Cambridge: Cambridge University Press.
  　マルチモーダル分析を推進するベテランと新進気鋭の研究者による論考からなり，相互行為を社会学，人類学，認知科学などの視点から多角的に論じた上級者向けの論文集．

- Jewitt, Carey（ed.）（2014）*The Routledge Handbook of Multimodal Analysis*, 2nd ed., Lon-

don: Routledge.
　社会記号論的アプローチに重きを置く点で，日本ではややなじみが薄いかもしれないが，テクスト，身体，描画，映像，音楽といったさまざまな記号を読み解くアイデアを与えてくれる．

📖 文献

池上嘉彦（1981）『「する」と「なる」の言語学—言語と文化のタイポロジーへの試論』大修館．
井出祥子（2006）『わきまえの語用論』大修館．
井出祥子・藤井洋子（編）（2014）『開放的語用論への挑戦』くろしお出版．
榎本美香・伝康晴（2011）「話し手の視線の向け先は次話者になるか」『社会言語科学』**14**: 97-109.
大堀壽夫・金原いれいね・ルタイワン・ケッサクン・田窪こずえ（2007）『空間移動の言語表現の類型論的研究 1：東アジア・東南アジアの視点から』．東京大学 21 世紀 COE プログラム「心とことば—進化認知科学的展開」研究報告書．
鎌田 修（2000）『日本語の引用』ひつじ書房．
喜多壮太郎（2002）『ジェスチャー：考えるからだ』金子書房．
片岡邦好（2011）「間主観性とマルチモダリティ：直示表現とジェスチャーによる仮想空間の談話的共有について」『社会言語科学』**14**(1): 61-81.
片岡邦好（2014）「課題達成談話における日英語話者の視線について—共通点と相違点からみる文化的行為—」井出祥子・藤井洋子（編）『解放的語用論への挑戦—文化・インターアクション・言語—』くろしお出版, 123-155.
片岡邦好・池田佳子・秦かおり（編）（2017）『コミュニケーションを枠づける』くろしお出版．
定延利之（編）（2002）『うんとそうの言語学』ひつじ書房．
西阪仰（2008）『分散する身体エスノメソドロジー的相互行為分析の展開』勁草書房．
秦かおり（2014）「再開のコミュニケーション：子供の介入によるインタビュー中断と再開を事例に」『言語文化研究』**41**: 131-148.
坊農真弓・高梨克也（編）（2009）『多人数インタラクションの分析手法』オーム社．
細馬宏通・片岡邦好・村井潤一郎・岡田みさを（編）（2011）「相互行為のマルティモーダル分析」特集号．『社会言語科学』**14**(1)．
松本曜（1997）「空間移動の言語表現とその拡張」田中茂範・松本曜『空間と移動の表現』研究社出版, 125-230.
松本曜（2014）「日本語の空間移動表現：通言語的実験から捉える」*NINJAL Project Review* **4**(3): 191-196.
山口治彦（2009）『明晰な引用，しなやかな引用—話法の日英対照研究—』くろしお出版．
Bright, William（1966）*Sociolinguistics: Proceedings of the UCLA Sociolinguistics Conference 1964.* In William Bright (ed.) The Hague, Paris: Mouton and Co.
Brown, Amanda and Jidong Chen (2013) "Construal of Manner in Speech and Gesture in Mandarin, English, and Japanese," *Cognitive Linguistics* **23**(4): 605-631.

Cassell, Justine and David McNeill (1991) "Non-Verbal Imagery and the Poetics of Prose," *Poetics Today* **12**: 375-404.

Couper-Kuhlen, Elizabeth and Margret Selting (eds.) (1996) *Prosody in Conversation*, Cambridge: CUP.

Du Bois, John W., Stephan Schuetze-Coburn, Susanna Cumming and Danae Paolino (1993) "Outline of discourse transcription," In Jane A. Edwards and Martin D. Lampert (eds.) *Talking Data: Transcription and Coding in Discourse Research*, Hillsdale, NJ: LEA, 45-89.

Erickson, Frederick and Jeffrey Shultz (1982) *The Counselor as Gatekeeper: Social Interaction in Interviews*, New York: Academic Press.

Goodwin, Charles (1980) "Restarts, Pauses, and the Achievement of Mutual Gaze at Turn-beginning," *Sociological Inquiry* **50**(3-4): 272-302.

Goodwin, Charles (1994) "Professional vision," *American Anthropologist* **96**: 606-633.

Greenbaum, Paul (1985) "Nonverbal Differences in Communication Style Between American Indian and Anglo Elementary Classrooms," *American Educational Research Journal* **22**: 101-115.

Gumperz, John, and Dell Hymes (eds.) (1964) "The Ethnography of Communication," *Special issue of American Anthropologist* **66**(6), Part II: 137-154.

Hayashi, Makoto, Junko Mori and Tomoyo Takagi (2002) "Contingent Achievement of Co-tellership in a Japanese Conversation: An Analysis of Talk, Gaze, and Gesture," In Cecilia Ford, Barbara Fox, and Sandra Thompson (eds.) *The Language of Turn and Sequence*, Oxford: OUP, 81-122.

Heath, Christian and Paul Luff (2000) *Technology in Action*, Cambridge: Cambridge University Press.

Hymes, Dell H. (1972) "On Communicative Competence," In J.B. Pride and Janet Holmes (eds.) *Sociolinguistics*, London: Penguin, 269-293.

Jefferson, Gail (2004) "Glossary of Transcript Symbols with an Introduction," In Gene H. Lerner (ed.) *Conversation Analysis: Studies from the First Generation*, Philadelphia: John Benjamins, 13-31.

Kendon, Adam (1967) "Some Functions of Gaze Direction in Social Interaction," *Acta Psychologica* **26**: 22-63.

Kendon, Adam (1990) *Conducting Interaction*, Cambridge: CUP.

Kendon, Adam (2004) *Gesture: Visible Action as Utterance*, Cambridge: CUP.

Kita, Sotaro (1997) "Two-dimensional Semantic Analysis of Japanese Mimetics," *Linguistics* **35**(2): 379-415.

Kita, Sotaro and Asli Özyürek (2003) "What Does Cross-linguistic Variation in Semantic Coordination of Speech and Gesture Reveal?: Evidence for an Interface Representation of Spatial Thinking and Speaking," *Journal of Memory and Language* **48**: 16-32.

Krauss, Robert, Yihsiu Chen and Rebecca F. Gottesman (2000) "Lexical Gestures and Lexical Access: A Process Model." In David McNeill (ed.) *Language and gesture*, Cambridge: CUP, 261-283.

Labov, William (1972) *Language in the Inner City*, Philadelphia: University of Pennsylvania Press.
Lerner, Gene H. (2003) "Selecting Next Speaker: The Context-sensitive Operation of a Context-free Organization," *Language in Society* **32**: 177-201.
Lynch, Michael (1990) "The Externalized Retina: Selection and Mathematization in the Visual Documentation of Objects in the Life Science," In M. Lynch, Michael and Steve Woolgar (eds.) *Representation in Scientific Practice*, Cambridge, MA: MIT. Press, 153-186.
McNeill, David (1992) *Hand and Mind*, Chicago: The University of Chicago Press.
McNeill, David (2005) *Gesture and Thought*, Chicago: The University of Chicago Press.
McNeill, David and Susan Duncan (2000) "Growth Points in Thinking-for-speaking," In David McNeill (ed.) *Language and Gesture*, Cambridge: CUP, 141-161.
Ohara, Kyoko H. (2002) "Linguistic Encodings of Motion Events in Japanese and English: A Preliminary Look," *Hiyoshi Review of English Studies* **41**: 122-153.
Ono, Tsuyoshi and Ryoko Suzuki (1992) "Word Order Variability in Japanese Conversation: Motivations and Grammaticization," *Text* **12**: 429-445.
Parrill, Fey (2009) "Dual Viewpoint Gestures," *Gesture* **9**(3): 271-289.
Schegloff, Emanuel A. (1984) "On Some Gestures' Relation to Talk," In John M. Atkinson and John Heritage (eds.) *Structures of Social Action: Studies in Conversation Analysis*, Cambridge: CUP, 266-296.
Schegloff, Emanuel A. (1998) "Body Torque," *Social Research* **65**(5): 535-596.
Slobin, Dan (1996) "Two Ways to Travel: Verbs of Motion in English and Spanish," In Masayoshi Shibatani and Sandra A.Thompson (eds.) *Grammatical Constructions*, Oxford: Clarendon Press, 195-219.
Slobin, Dan (2004) "The Many Ways to Search for a Frog: Linguistic Typology and the Expression of Motion Events," In Sven Strömqvist and Ludo Verhoeven (eds.) *Relating Events in Narrative: Vol. 2. Typological and Contextual Perspectives*, Mahwah, NJ: LEA, 219-257.
Stivers, Tanya, Nick J. Enfield, Penelope Brown, Christina Englert, Trine Heinemann, Makoto Hayashi, Gertie Hoymann, Federico Rossano, Jan Peter de Ruiter, Kyung-Eun Yoon and Stephen Levinson (2009) "Universals and Cultural Variation in Turn-taking in Conversation:" *PNAS* **106**(26): 10587-10592.
Streeck, Jürgen (2009) *Gesturecraft : The Manu-facture of Meaning*, Amsterdam: John Benjamins.
Streeck, Jürgen, Charles Goodwin and Curtis LeBaron (eds.) (2011) *Embodied Interaction: Language and Body in the Material World*, Cambridge: CUP.
Talmy, Leonard (1991) "Path to realization: A typology of event conflation," *Berkeley Linguistics Society* **17**: 480-519.
Talmy, Leonard (2000) *Toward a Cognitive Semantics*, Vol. II, Cambridge, MA: MIT Press.
Tanaka, Hiroko (2010) "Multi-modal Expressivity of the Japanese Response Particle Huun: Displaying Involvement without Topical Engagement. In Dagmar Barth-Weingarten, Elisabeth Reber and Margret Selting (eds.) *Prosody in Interaction*, Amsterdam: John Benjamins, 303-332.

使用画像

MISTER O, by Lewis Trondheim ©GUYDELCOURTPRODUCTIONS（France）/ www.editions-delcourt.fr.（Trondheim, Lewis（2003）『Mister O（ミスター・オー）』講談社.）

第6章 字幕・吹替訳ディスコースの社会言語学
―ポライトネス研究の一展開―

井上逸兵

　本章では，日本映画の英語字幕，吹替訳を材料として，ディスコース系社会言語学，ポライトネス研究の一つの展開のあり方を論じてみたい．

　英語が多少できる人なら，映画の字幕をみていてオリジナル（source text）と翻訳（target text）の「ズレ」に気づいた経験は誰しもあるだろう．そもそも翻訳にはオリジナルとのズレがつきものだが，映画の字幕・吹替訳には特有の「ズレ方」がある．字数と時間という物理的な制約があるため，いわば「文化的なつじつまあわせ」ともいうべき訳がしばしばみられる．翻訳理論では，受け手側の受容を優先した訳を「受容翻訳」といい，オリジナルの語感や意味合いを残した，すなわち異文化らしさを残した訳を「異質翻訳」と呼ぶが，日本映画を海外展開する場合，これまで「受容翻訳」が一般的であったように思う．たとえば，日本映画の英語訳であれば，日本的なセリフも英米圏の人たちからみて自然に思われるような，本論で「文化意訳」（culturally coherent translation）と呼ぶ訳を施していることが多い．結果として，日本語と英語の両方がわかるものにとっては，悪質な訳であると思われたり，場合によっては誤訳であると決めつけられたりしがちだ．

　しかし，一見すると苦し紛れの訳や誤訳にすら思われるような訳にも，その根底には英語圏・日本，ならびに英語・日本語それぞれのコミュニケーションの文化の原理が働いている．本章ではそれを示したいと思う．受容翻訳であることに加えて，物理的，時間的制約が日英語字幕・吹替訳固有の対照を生み出しているのだ．本章では，この日英語字幕・吹替訳にみられる対照の「ズレ」，文化意訳のメカニズムを解き明かす道具立てとして，社会言語学，特にポライトネス理論を用いることにする．同時に，この理論的枠組みの一つの展開のあり方を論じてみたいと思う．また，このような「文化」を論じる方法論的な問題についても触れたい．結果として，とりわけディスコースの社会・文化的側面に対して社会言語学の枠組みで分析をするのに，なぜ日本映画の英語字幕が有効であるかをも論じることになるだろう．また，グローバル化時代における日本コンテンツの英語化についても最後に触れたい．

ちなみに，欧米の映画の日本語字幕・吹替訳は先ほどの二分類でいうならば，「異質翻訳」ということになろう．いわゆる洋画の日本語字幕や吹替には，自然な日本語とはいえない，ふだんはあまり耳にすることがない（キザな？）セリフが多くある．翻訳調の文体がいわば洋画字幕の日本語の文体として定着している（翻訳小説などにも当てはまる）．古くは漢文化の輸入，翻訳にも遡れようが，戦後は特にアメリカの文化の流入を日本は異質翻訳，翻訳文体のディスコースで受け入れ，定着させてきた．「何が彼をそうさせたのか？」のような翻訳文体や「翻訳語」（柳父 1982）はもはや一般的な日本語にも入りこんでいる．

6.1 字幕・吹替翻訳の特性

日本映画（DVD 版）の字幕・吹替翻訳における文化意訳の特性は，主として字数と時間という物理的な制約に由来する，興業と人の認知の限界の産物である．洋画の日本語字幕であれば，一般的に 1 秒 4 文字というのが目安などといわれていた．ただし，読める文字数が減っていて，映画制作会社も苦心しているという話もある（産経新聞 2008 年 5 月 11 日東京朝刊「知的レベル下がってる？ 洋画の字幕読めない若者が急増中」）．受容翻訳の特徴であるが，受け手の知識を想定した訳もよくみられる．たとえば，アメリカ映画 Forest Gump（1994 年，Robert Zemeckis 監督．1995 年日本公開『フォレスト・ガンプ／一期一会』）では，ある登場人物を有能であると紹介するコンテクストで "UC Berkeley" 出身だという場面があるが，その大学名は日本語字幕では「UCLA」と訳されている．名訳か迷訳かは措くとして，この日本語字幕は日本の聴衆に向けたもので，UC Berkeley が優秀かつ有名な大学であることが瞬時にわかる日本人は少なかろう（少なくとも公開当時は）という判断によっているのである．

日本映画の英語字幕にも逆向きだが同じことがいえる．聴衆は英米圏の人たちが想定されているため，瞬時に「つじつまのあう」，自然な会話と思わせるような訳でなければならない．この即時性が大きな制約で，小説の翻訳なら説明的に長々と訳すことも訳注をつけることもできるが，映画の翻訳はそうもいかない[1]．それが，一見すると苦し紛れの訳や誤訳にすら思われるような訳が生まれる理由と考えられる．

---

[1] いわゆる「ファンサブ（fansub）」にはそれに近いものもみられるが，本章ではそれは論じない．

しかし，そのような訳にも，その根底には英語圏・日本，英語・日本語それぞれのコミュニケーション文化の原理が働いている．字幕・吹替訳固有の制約があるからこそその文化意訳は，それぞれに言語，コミュニケーションの文化を浮き彫りにする格好の材料になりうるのである．

たとえば，定型表現は，一般にその言語の慣習が生み出した，その言語固有のもので，逐語翻訳は不可能な場合が多いが，そのような表現にも背後にそれぞれの文化のコミュニケーションの原理が働いている．

初対面の挨拶をするときに，英語では"Nice to meet you."などの表現があるが，伝統的な日本の挨拶ではこの逐語訳の表現はあまり使われないために，日本語字幕でも「はじめまして」，「よろしく」のような訳が多い．ただし，「お会いできてうれしいです．」のような表現は，近年ではそれほど違和感なく聞くことができるかもしれない（異質翻訳が定着し，翻訳文体が日本語に受容された例である）．一方，同じような状況で，日本語の話者が通常用いるのは，「よろしくお願いします．」であるが，これは英語に逐語訳すると，きわめて奇異な印象を与えることになる（その理由については後述する）．

これら二つの日英語の表現はそれぞれに異なった意味をもっているが，同じスピーチ状況（speech situation）で用いられることが慣用となっているという意味で，状況的等価性（situational equivalence）があるといえる．

定式表現は，慣習が生み出したものゆえに，恣意的に生まれてきたか，字義的な意味が意識されないものといえそうなものもあるが，それぞれの文化のコミュニケーションの原理に根ざしている場合も少なくない．上の例で働いているのは，社会言語学のポライトネス理論でいうところのポジティブな面目（positive face）とネガティブな面目（negative face）である（Brown and Levinson 1987）[*2]．言い換えると，英語流の挨拶は人との関わりを重視するアングロサクソン的な連帯の原理（＝ポジティブな面目に関わる）に基づくコミュニケーションの規範，あるいは慣習が反映したものであり，日本語の慣習的挨拶表現は一面では独立の原理（＝ネガティブな面目に関わる）に基づく規範，慣習の反映であり，以下に述べる

[*2] ブラウンとレビンソン（Brown and Levinson）のいう positive／negative という用語については，「積極的／消極的」，もしくは「肯定的／否定的」という訳語が考えられるが，いずれも正しい理解の妨げとなりうる訳語であるように思う．本論では，そのエッセンスを理解しやすくするために，「連帯的／独立的」という語をそれぞれに当てたいが，ブラウンとレビンソンの用語としては，（たぶんに逃避であるが）「ポジティブ／ネガティブ」という語を用いることにする．

ような意味で日本独特の敬意の表し方でもあるといえる．

「よろしくお願いします」という言い方が英語にないことには，連帯，独立の原理の発展形である対等の原理（egalitarianism）が関わっている．この原理は一般に英米（アングロサクソン）圏に特徴的と考えられる．「お互いが対等」という原理ゆえに，一方が他方に無条件に依存するというということは，タテマエ上は表には出さない．一方，日本の方は，「私はあなたに頼らなければやっていけない存在です」という自己卑下的な謙遜の原理（self-depreciation）があり，かつそのような依存の姿勢は（たとえ見せかけであっても—そもそもタテマエはしばしば見せかけだ），むしろ好意的に受けとめられる．このような一見すると無条件の依存に思われる言語行動は，お互いの独立が前提される文化においては不可解なものに思われるかもしれない．しかし，日本の言語文化においては，依存されることは，社会的に威信のある指標とみなされ，ブラウンとレビンソン流にいうならば，ポジティブな面目を満たす行為になる（Matsumoto 1988 参照のこと）．

「よろしくお願いします」の事例を日本映画から二つ取り出してみよう．
(1) 「引っ越してきましたー．よろしくお願いしまーす．」
　　　 "Looks like we're going to be neighbors! Pleasure to meet you!"

(『となりのトトロ』1988/1993 年版)
(2) 「ともかく新人ですのでよろしくお願いします．」
　　　 "I'm a new comer here, and I look forward to your cooperation."

(『ウォーターボーイズ』)
(「　」内がオリジナル，"　"内が英語字幕訳)

これらの英訳は定型句を訳す二つの典型例とみてよいだろう．一つは，(1)のように，日英語それぞれに異なった意味をもっているが，同じような状況で使う，場面に対応する定型表現で訳されている場合で，状況的等価を意図したものだ．一方，(2)の翻訳方略は，できるだけオリジナルの意味を反映させようというものである．ただし，重要なことは，この例のように，たとえ「よろしくお願い」することを実質的な依頼とするにしても（単なる儀礼的な挨拶ではなく），自分を下位者とした他者依存的で，自己卑下的な依頼（嘆願）という訳にはなっていないということである．英訳では独立と対等の原理に基づいた文化意訳がなされているのである．

ついでながら，(1)の訳はアメリカの生活習慣が反映した訳でもある．引っ越しに関わる習慣として，日本では引っ越してきた人がご近所に挨拶まわりをする

というのが伝統的な習慣だが，アメリカは一般にその逆で，コミュニティのメンバーが引っ越してきた人に声をかけによってくるのが普通である．したがって，(1) の話者（さつきとメイのお父さん）が引っ越してきた先の農作業中の家主と思われる人物に大声で挨拶をするという行動の本当の意味はそもそもアメリカの鑑賞者には理解しがたいはずだ．それゆえに，"Looks like we're going to be neighbors!" などという，日本人からみると逆にわけのわからないセリフ（その前に，家主と思われる家の前にいた少年（カンタ）に「おうちの方はいらっしゃいますか？」と尋ねている）に翻訳されているのである．

6.2　コーパス化とアノテーションの諸問題

このような「文化」的と思われる諸事象を扱う際につきまとう疑念は，つまるところそのような訳出は翻訳者の個人的な嗜好やスタイルに帰結するのではないかということだ．翻訳という営みも社会的実践であり，構築されるそのプロセスをみるのであって一般化は求めない，というアプローチも可能かもしれない．社会言語学の中でも分野ごとに基本的な考え方は異なるので，良し悪しを論じるのは難しいが，上のような疑念に答えるとするならば，ありうる一つの解決法は，可能な限り「ビッグデータ」化を志向することだろう．それによって翻訳者個人の問題ではなく，「文化」の問題として，日英語それぞれのディスコースとそれをとりまく諸問題を議論の俎上にのせることができると考える．

「文化」を論ずるための日本映画の英語字幕訳コーパスは，文化意訳に特化した社会言語学・(社会) 語用論コーパスである必要がある．基本的にはオリジナルと字幕訳とが字義対応になっていない，つまり文化意訳にタグを付与するので，基本的には，呼称，人称などの対人関係に関わるものを除いて文法タグは考慮の外におかれることになる．これに関わる最も大きな困難は，どの要素に非逐語訳，すなわち文化意訳のタグを付与するかである．たとえば，

(3)
1　どうしたんだい，まるで戦だね．　　What's that! Must be a battle.
2　行こう，おばさん！　　　　　　　　Let's go. Ma'am!
3　船長とお呼び！　　　　　　　　　　Captain to you!
4　シャルルよ，もっと低く飛びな．　　Lower, Charlos.
5　やめて！　もうやめて！　　　　　　Stop! Stop it!

6	お願い！	Please!
7	ママ！　ゴリアテが動き始めた．	Mama. Goliath's moving.
8	このままでいくとあいつの弾幕に飛び込んじまう！	We're going directly into the crossfire.

(『天空の城ラピュタ』)

においては，一般的にみれば，「ズレ」はさほどないようにも感じられるかもしれない．しかし，呼称，人称（代名詞），モダリティ，ダイクシスが担う社会言語学的，社会語用論的要素だけでも「ズレ」であるかの判断はそう単純ではない．

たとえば，呼称については，行2における「おばさん」→ "Ma'am" を「ズレ」と考えるか否かはいくつかの判断がありうるだろう．行7の「ママ」→ "Mama" ですらもその等価性は自明ではない．

また，行8における「このままでいくと…じまう」というオリジナルの要素は英語字幕では "are going" が担っていると考えられるし，行1の「まるで…だ」は "Must be" というモダリティで翻訳されていることが果たして「文化意訳」というべきかも問題である．

さらに，行1の「どうしたんだい」にはダイクティックな要素はないにもかかわらず，訳には "What's that?" とダイクティックな要素が現れ，行3における「船長とお呼び！」の，日本語では一般的に現れにくい二人称代名詞（対称詞）的な要素は，英訳では "to you" と現れ，行8の「あいつの弾幕」は "the crossfire" と訳される諸要因にも十分な考察を要するだろう（新村 2006，新村・ハヤシ 2008 など参照）．

これらの点については，文法タグに関わる以外にも認知言語学的視点（池上 2006 など），コミュニケーションの生態学的視点（井上 2005）などを取り込んださらなる精緻化が必要であるが，それを論じるだけの紙幅は許されていない．

このような多様で多面的な要因はあるものの，本章では，ポライトネス研究の一つの展開として，この日本映画対訳対照ディスコースにポライトネスタグ，加えてポライトネス事象に関わるスピーチアクトタグ（speech act, Austin 1962, Searle 1969）を付与して量的サポートを志向することでみえてくる日英語（とそれによるコミュニケーション）の「文化」的側面を論ずる研究の道筋を示してみたいと思う．映画の字幕・吹替訳という物理的，時間的制約と，対訳という対照と，ポライトネス事象に焦点をおくこととによってこそ分析可能な問題を議論の俎上にのせることになろう．

6.3 ポライトネス研究の射程

ポライトネス研究には萌芽的なものとしてのレイコフ（Lakoff 1973），その後，グライス（Grice）の協調の原理の延長線上にこの事象をとらえたリーチ（Leech 1983, 2014），そしてブラウンとレビンソン（Brown and Levinson 1978, 1987）がよく知られているが（以下，B&L），コミュニケーション全般に関わる適用範囲の広さから，ブラウンとレビンソンのポライトネス理論がこの分野の中心であるといってよい．その後のIde（1989），Watts（2003）などの批判的展開もあるが，そのような批判もこの理論をめぐって展開されていることを考えると，B&Lのモデルはすでに基本概念となっているといえる．

一般にポライトネス研究が対象とするところは対人的なコミュニケーションである．B&Lであれば，面目（face）という個人的な社会欲求に行動の原理を還元させて，言語表現の動機づけを説明するというぐあいに，他者に対する配慮，方略（strategy）としてポライトネス事象が扱われる．しかし，B&Lの土台となるゴフマン（Goffman 1967）の議論もそうであるように，B&Lによるポライトネスの理論モデルは単に対人的な配慮を示す方略としてだけではなく，さまざまなコミュニケーション行動の説明原理として有効である．

B&Lのポライトネス理論の延長線上に，「文化」の類型を語ることもさまざまになされている．たとえば，日本はネガティブポライトネス文化であるとか，アメリカはポジティブポライトネス文化であるなどとの一般化もそれである．このような一般化はしばしば正しくなかったり適切でなかったりもするが，B&Lモデルの汎用性をうかがわせる例である．「独立」的，「連帯」的という概念も，さまざまなコミュニケーション活動に適用することができるだろう[*3]．

問題は，これらの概念を説明に用いるにしても，ことはそれほど単純ではないということだ．たとえば，英米アングロサクソンの文化，特にアメリカの，相手をファーストネームで呼ぶという一般的な慣習は連帯的なものだが，Would you like …のような表現が慣習的であることは，(少なくとも表面的には) 相手の独立の願望に配慮しているということであり，独立と連帯も同一文化に混在する．ア

[*3] たとえば，後述するようなそれぞれの文化の子育ての基本的な考え方や，握手やハグなどの挨拶の習慣などにもそのような説明が可能だろう．

ングロサクソンの独立を尊重する慣習に比べれば，日本の一般的な慣習にはより独立の願望に対する配慮への要求度が低いといえるものもあるかもしれない．さらに，Why don't you go for a drink? などの勧誘行動は基本的に連帯的だとしても，ここで用いられる表現は英語に慣習的な間接表現であり，その意味で独立的である．独立／連帯という単純な二分法で考えても，一つの発話ですら複合的，複層的である．

　一方で，言語形式や言語的な方略にかかわらず，スピーチアクトそのものが独立的／連帯的といえるような言語行動がある．たとえば，勧誘のスピーチアクトは，本来的に連帯的であり（行動を共有する含意が一般にあり，共有は連帯を含意する），謝罪のスピーチアクトは本来的に独立的である（自分の行動の相手に対する影響に言及するものであり，何らかの形で相手の独立の領域を脅かしていることへの配慮がある）[*4]．ただし，謙遜のように日本語と英語のコミュニケーションでそれぞれ異なったポライトネス事象であると考えられるものもある．謙遜は日本語コミュニケーションでは一般に自己イメージを下げることによるしばしば儀礼的なスピーチアクトだが，英語コミュニケーションでは一般に，過度な不均衡（どちらか一方が賞賛されすぎたり，負い目を感じすぎたりする）のバランスをとろうとする言語行動である（英米人は謙遜しないという通説は誤りである．謙遜の原理が日本語と異なるというべきだろう．これについては後述する）．

　ポライトネスの概念は，一般の言語慣習，生活慣習などの文化の類型化にも適用することができるだろう．先にも述べたように，「独立型」／「連帯型」という単純な類型はあらゆる言語と文化の側面に当てはめられるわけではないが，日本とアングロサクソン圏の文化的な対比に用いることができる．

　たとえば，子育てのさまざまな場面でみられる典型例をあげることができるだろう．日本の文化圏おける（少なくとも伝統的な）子育ての基本ポリシーは，エンパシー（empathy）的である．「そんなことしたら，○○ちゃんがかわいそうでしょ？」，「はずかしいよ」などのたしなめ方は，基本的に他者の視点に立つこと（＝エンパシー）を訓練するものである．小学校の校是にしばしばみられる「思いやりのある子ども」の「思いやり」とは，他者の気持ちを考えること，他者のために言われなくても行動するということであり，基本的な考えは同じである．し

[*4] B&Lの枠組みでは一般に「謝罪」(apology) は，話し手のポジティブな面目への脅かしとされる．話し手の自己イメージを損なうリスクがあるからである．

かし，この「思いやり」とは，見方によれば相手の領域に入り込むことであり，独立志向のアングロサクソンの文化では，自らの領域に入り込まれすぎると解釈しかねない．アングロサクソンの文化の典型的な子育てのポリシーは，独立せよ，思っていることをことばで表現せよ，というものであり，主に北米などで小学校の低学年で一般に行なわれる Show and Tell（何か好きなものを自宅などからもってきてクラス全員の前で説明をするというパブリックスピーキングの訓練）などが定着しているのもその現れであろう．

　来客を玄関先で見送るのも日本ではよくある光景である．見送られる客の方も 10 メートル先くらいで振り返ってまたお辞儀をしたり手を振ったりするものだ．ホスト側も客が見えなくなるまで見送ったりすることも珍しくない．アングロサクソンの社会では，長々と見送らないのが普通である．10 メートル先で振り返ったらたぶんホスト側は家に入っていてもういないだろう．一見，アングロサクソンの人たちは日本人にとって冷たい態度をとっているようにみえるが，そのような意図はないのがふつうである．客人を家の外まで拘束しないという独立を尊重する振る舞いなのである．

　要するに，ポライトネス研究の射程として考えられることは，単体のスピーチアクトの独立／連帯を論じるだけでは不十分であり，より複合的に考えねばならないということと，そして，単なる対人的，方略的なやりとりだけではなく，言語行動，コミュニケーションの実践全般に関わる事象が問題になりうるということである．

6.3.1　アングロサクソンの対等の原理

　B&L においては，ネガティブ／ポジティブな面目（本論でいう独立と連帯の面目）の普遍性が主張されているが，日本とアングロサクソンを対照させたときに際だって現れるアングロサクソンのコミュニケーションの特徴は，先にもあげた「対等」(egalitarianism) である．この原理を想定することでよりよい分析ができるように思われる．

　対等の原理とは，お互いが対等である，対等に振る舞うという想定（タテマエ）である．一般的な振る舞いを観察していても，随所にみられる行動パターンだ．たとえば，一般にアメリカ人が堂々と振る舞う人を好むことや，ファーストネームで一方が呼べば，もう一方も呼ぶのが慣例であることなど，対等であることがタテマエとなっている言語生活習慣はアングロサクソンの文化には多々ある．

先に少し触れた謙遜についても同じことがいえる．原理的にいえば，一般に日本の謙遜は自分を下げることで相対的に相手を上げて敬うというものだが，アングロサクソンの謙遜は自分が上げられたときに対等まで戻ってくる（降りてくる）というものである．自分が褒められたことを否定し続けるような日本人ならやりそうなことも褒められたことに拘泥しているようで，アングロサクソンの対等の原理に反する．褒められても軽く謝辞をのべて引きずらないのがアングロサクソン的である．

　対等の原理は，お互いが独立しているという想定から生まれるという側面と，対等であるがゆえに友好的であるという意味で連帯的であるという側面がある．その意味で，独立／連帯の複合型だが，これは少なくとも日本と対比した場合にはアングロサクソンに特有の原理のように思われる．日本の特徴とされている「甘え」的振る舞いは，それと対照をなすいわば仮想依存であり，「よろしくお願いします」のような儀礼的な挨拶は対等の原理とはかなり異なった原理に基づいている．

6.3.2　対照対訳におけるポライトネス事象のカテゴリー

　「文化」を論じるための一つの焦点の置き方がポライトネスに関わる要素に特化することであることを述べてきた．発話の複合性やコミュニケーション行動全体をみることの重要性にも触れた．これらの要素は，独立／連帯のように汎文化的に適用できそうな上位のレベルのものもあれば，対等のように（たとえば日英語のような）特定の言語文化の対照によって浮き彫りになるものもある．

　作業手順として，まずは日英語の対照対訳からポライトネスの観点から非逐語対応の部分，すなわち文化意訳を抽出し，そのカテゴリーをボトムアップ的に構築するのがよいだろう．非逐語性については先にも触れたように判断は容易ではないが，本論では紙幅の都合上詳述しないことにする．事例として，ここでは『となりのトトロ』（My Neighbor Totoro）（1988年，宮崎駿監督，スタジオジブリ）を中心に用いる．その理由の一つは，いくつかの点で本論の議論がより顕著な形で現れる，典型的な受容翻訳（アメリカローカライズ）の事例であると考えられることである．もう一つに，この作品が本論で取り上げるに適切であるさらなる理由は，後に発展的トピックとして論ずる受容翻訳から異質翻訳もしくは「グローバル翻訳」とでもいうべき時代の変遷を垣間見るのに好都合ということである．1993年にStreamline Pictures社によってこの作品に吹き替えが施されるが，2006

年に字幕も含めて Walt Disney Pictures 社が字幕・吹替を全面改定しているため，その間の変化を考えるのによい材料なのだ．

　理論的にありうるポライトネス事象のカテゴリーをあらかじめ想定するのは困難，かつ現実的ではないので，事例をベースとして「独立」/「連帯」を軸としてみてみることにする．本論では，ポライトネス理論の枠組みで，際だった形で取り出すことができる（A）連帯から独立，（B）スピーチアクトの対照，（C）事態把握の違い，（D）ゼロ対応の対照対訳という文化意訳のカテゴリーを取り上げることにする．

(A) 連帯から独立訳へ

　先にも述べたように，日本とアングロサクソンの典型的な対照の一つは独立（アングロサクソン）対エンパシー（日本）というものだ．日本の映画の対照でいえば，エンパシー的なオリジナルの発話にはしばしば独立的な英訳が施される．

　たとえば，『となりのトトロ』で，メイが庭に面した父親の書斎のそばで遊ぶシーンがある．父親は原稿を書いている．メイは時折父親のところにきて，なにやらことばを投げかける．メイは庭で摘んだ花をいくつか父親の机にならべて，「お父さん，お花屋さんね」という．この英語訳（DVD版）は "Dady, I'm a flower lady" である．たしかにこの日本語発話は「お父さん，(あなたが) お花屋さんね」と「お父さん，(私は) お花屋さんね」の二通りの解釈が可能だろうが，日本語話者にとっては，この解釈は通常二義的にならず，一見，誤訳であるかのようにもみえる．しかし，本論では詳細を省くが他の多くの事例と合わせてみると，これは独立のタテマエに根ざしていると判断すべきと考えられる．たとえ相手が父親であっても（というより，小さな子どもであっても）相手の独立を脅かすこと（お父さんにお花屋さんの役を強要すること）には抑制がかかっているのだ．

　『千と千尋の神隠し』では，先輩のリンが千に対して（リンはどちらかというと遠慮なくものをいうタイプ），「いまカマジイのとこ行かねえ方がいいぞ」という台詞があるが，その英訳（DVD版）は "I wouldn't go to Kamajii now." である．「私ならいかない」という，これも相手の独立性を尊重した，押しつけない言い方である．

　このようにアングロサクソンのコミュニケーションの文化では相手の独立に配慮することがタテマエだとするならば，アメリカ人などがよく自己主張が強いなどと巷でいわれることと一見矛盾するかのように考えられる．しかし，少し考えればこの謎解きができるだろう．アングロサクソンのコミュニケーション文化で

は，相手の独立を尊重するのと同時に自分の独立も守られているという前提に立つ．それはつまり，自分の思うことは口にするという文化でもある．一方，日本のエンパシーのコミュニケーション文化では，自分の思うことをどんなときにでも表明してよいわけではなく，自分の発言が他者にどのような影響が及ぶかに思い至らねばならない．そのような人たちからみれば自分の意見をまわりを気にせず表明することは「自己主張が強い」と映ることになるのだろう．

(B) スピーチアクトの対照

スピーチアクトの翻訳パターンで，最も頻度が高く，その意味で典型なのは，日本語オリジナルでは，陳述型になっているものが英語訳では行為指示型（directive）になるものだ．

たとえば，「じゃまだな」は"Move!"，「うるさいな」は"Will you shut up!"（ともに『紅の豚』）など，この事例は多くある．一般的にも，日本語の「あぶない！」は英語では"Watch out!"や"Look out!"などである．羽田空港の動く歩道では終点部に天井から注意喚起の標識があるが，英語は"Watch your step."だが，日本語は「まもなく終了します」である．「あぶない＝止まれ」は，大人には解釈の慣習があるために理解可能であるが，小さな子どもに「あぶない！」といっても制御できないことが多い．日本語の慣習的間接スピーチアクトが定着していないためである．

このようなスピーチアクトの翻訳パターンは頻度が高く，その意味で典型的といえるが，逆のケースがある．日本語での助言のスピーチアクトはしばしば間接的な言い回しの陳述型に英訳されるものが多い．『千と千尋』の先の「行かねえ方がいいぞ」は"I wouldn't go"（私なら行かない）もそうだが，『ラヂオの時間』（三谷幸喜監督）の「だからさ，もし人を感動させるような物を作りたいなんて思ってるんだったら，<u>この仕事やめた方がいいよ</u>」の助言は"If you want to do something to really move people…*this isn't the place*."と陳述型訳になるなど，多くの例がみられる．

このスピーチアクトの事象はポライトネスと深く関わっている．助言は基本的に相手の独立の領域に踏み込むものなので，アングロサクソンの文化ではタテマエ上，回避に向かう傾向があり，英訳では独立の侵害を避ける陳述型になることが多い．

(C) 事態把握の違い

認知言語学でいうところの事態把握（construal）（Langacker 1985, 1990, 池上

1981, 2006) の異なりと考えられる，「結果志向／過程志向」，「有界的／無界的」，「する」的／「なる」的，「客観把握／主観把握」の対立もしばしば「文化意訳」に現れる．これも例はおびただしい数だが，簡単にいえば，「兄が二人います．」→ "I have two brothers."「外へ出ると，月が明るく輝いていた．」→ "When I went out, I saw the moon shining."（池上 2006）などが示すように，英語では主体が明示される傾向があるのに対し，日本語では主体はいわば状況に埋め込まれ，必ずしも明示されない．これは映画字幕翻訳に限らず，あらゆるディスコースにしばしばみられる現象である．

　主語，主体，あるいは動作主の現れも，根本においてはポライトネスの問題に還元できる．事態の主体を明示するということは，個の明示ということであり，行為の主体や主語を示すということは，発話が示すところの事態に何らかの意味でのコミットメントを示すことになり，基本的には連帯的である（たとえば，B&Lではその逆ともいえる非個人化（主語を示さないということではないが）は，独立の方略に数えられている）．先にも述べたように，独立／連帯という単純な二分法は成り立ちがたく，発話はその意味で複合的なので，主語，主体を示すことがすなわち連帯的とはいえないが，基本型としてはそのようにいえるだろう．

(D)　ゼロ対応

　対応する訳語がみあたらない事例のうち，上の事態把握の違いとは異なると考えられる事例を便宜的に「ゼロ対応」としてみよう．

　主語のような語レベルでなく，句，節，文のレベルで，逐語対応訳はおろか，文化意訳などの状況的等価表現でも訳出しないという選択がなされる場合がある．たとえば，字義訳出は不可能ではないが適切でないと判断されると，翻訳をしない，という選択がなされることがある．あるいは，オリジナルには台詞のないところで，台詞を入れて「翻訳」することもある．いずれも映像上の問題がない場合で，捕捉説明的なことばを発話者の口がみえていない（画面にいない，後ろを向いている，など）ときに，入れることがしばしばある．

　事態把握の違いとは異なり，訳出は不可能ではないが，主語相当の表現が日本語にはしばしばないので，英語の訳出では動詞との関わりで I/we, you などが補われる．「どうだい　気に入ったかい？」→ So do *you* like it? (『となりのトトロ』) においては「気に入る」と like の等価性は議論の余地があるものの「君は気に入ったか」と主語相当を補うことができるという点でこの事例のカテゴリーと考えることができる．

沈黙に対する言語文化の規範も異なっているために，一方の言語文化では許容される沈黙が許容されないために（ぎこちないと感じられる，など），翻訳では無意味とも思われる台詞でその沈黙を埋めることもある．発話スクリプトには明示的には現れにくいが，一般にいう，饒舌の文化と寡黙の文化と呼びうる対照も随所にみられる．『トトロ』でいえば，オリジナルでは発話がなく，沈黙もしくはBGM のみが流れるシーンでも，吹替では笑い声や感嘆の声などが多く挿入されている．同じジブリ作品の『魔女の宅急便』はさらに賑やかで，あまり多弁ではない黒猫のジジというキャラクターにいたっては，吹替では始終しゃべっている．かなり異なったキャラクターになっている．

6.4 日本語の非対話

ゼロ対応の一つの型だが，別項としてとりあげたいものがある．日本語話者が日本語の映画に慣れていれば，おそらく気づかないことで，かつ一般には意外に思われるかもしれないが，日本の映画のやりとりではしばしば対話が成立しているようにみえて，対話になっていないことがある．つまり，話しかけられても「無視する」（かのようにみえる）のである．これは英語の会話としては，不自然，無礼な振る舞いと受けとめられやすいので，対話が成立しているように，つまり無視せず，いわれたことに応答する形で翻訳される．これは，複合的な意味で日英語それぞれの特徴を表すことになるだろう．

たとえば，『となりのトトロ』のカンタという少年は，素朴で無口だが，英語の吹き替えでみると，実によくしゃべる．とにかく声をたくさん発している．無口というキャラではない．『魔女の宅急便』の魔女の少女キキも英語吹き替えと比べると，オリジナルではいかに人の話に反応していないかがわかる．

『トトロ』（1993 年版）吹替では，メイが父親に庭から「お弁当まだー」と叫ぶシーンがある．父親は庭に面した書斎で，やや驚いたように「え？もう？」という台詞を発するが，オリジナルではほぼひとりごと的につぶやくような口調が施されている．ところが，英語吹替では，父親は "I don't think so!" と大声で叫んでいる．対話が成立している声量となっているのだ．

『魔女の宅急便』でも同様に，キキが興奮して母親に話しかけている場面で，母『あなた，またお父さんのラジオ持ち出したでしょう？』に対してそれには答えないが，字幕，吹替訳ともに返答する発話になっている（吹替：Don't worry. He doesn't mind. / 字幕 Is it okay? I'm sorry.)

　非対話を対話として訳すために，発話内容が真理値的に正反対の訳になっているものがある．『トトロ』で迷子の妹を姉サツキが探すシーンで，

(4) サツキ「すみません…　おじさん　あの…」"I'm sorry to bother you"
　　おじさん「え？」
　　サツキ「この道を小さな女の子が通らなかったですか？」"but you haven't seen a little girl, have you?"
　　　　　「私の妹なの」"She's my sister, about 5 years old.
　　おじさん「さあてねえ…女の子？」"Well, *seems to me I remember someone*."
　　　　　「見たら気がついただろうけどなあ」"*Yes, near as I can recall, she went that way.*"

「みていない」というオリジナルのセリフが seems to me I remember someone. とみたことになっている．なぜか．映像をよく観察すると，サツキが「おじさん」の発話に返答していないので，サツキが顔を横に向けて視線を向ける動作に同期させるように「おじさん」に "(she went) that way" といわせることによって，サツキが無言ながらも反応するやりとりに仕立てていると考えられる（否定を肯定に訳すのほどの理由がそれ以外にみあたらない）．

　考えてみれば，日本語には応答を要求しない表現がある．店員などがいう「いらっしゃいませ」である．この慣習的な表現に慣習的に答える表現はない．一方，英語圏（やその他の地域）では，店員は客に Hello などと挨拶をし，客も店員に挨拶を返すのが通例である．応答を要求しない慣習的表現は，英語には筆者の知る限りない．

　ついでにいえば，対話型の社会では，くしゃみにすら反応する．誰かがくしゃみをしたら，Bless you といってあげる．そのいわれはおまじない的なものだが，とにかく何かを発すれば，反応するのが対話型コミュニケーションである．

　この事象は日本がエンパシー型のコミュニケーションであることとつながっている．いわなくてもわかる（べき）コミュニケーションの文化では，反応，さらには対話は，必ずしも起こらない．ここでは詳述しないが，これは会話分析（エスノメソドロジー）が前提とする隣接応答（adjacency）という概念は，実は西洋的な概念で，必ずしも日本のようなエンパシー型対話では成立しない可能性があることを示唆している．

　本論が構築しようとするのは対照談話分析（映画対訳対照談話分析）だが，こ

れまでみたように，これには複合的にさまざまな知見が土台となっている．上で触れたもの以外には，プロソディや言語の形式的要因が相互行為的に解釈に影響を与えるプロセスを論じる相互行為の社会言語学（Gumperz 1982 ほか），言語によって異なるコミュニケーションの資源とコミュニケーションそのものとの関わりを論じるコミュニケーションの生態学（井上 2005 ほか）などの知見も必要となるだろう．

6.5 字幕・吹替訳ディスコースのグローバル化

『トトロ』は，先述のように 1988 年に日本で公開されてから，1993 年に Streamline Pictures によって字幕・吹替翻訳が施されるが，2006 年に字幕も含めて Walt Disney Pictures が翻訳を全面改定しているため，その間の変化を考えるのによい材料である．受容翻訳（この場合はターゲット文化は北米）から異質翻訳，もしくは「グローバル翻訳」（グローバルテクスト的な翻訳）とでもいうべき時代の変遷の事例である可能性がある．

わかりやすい一例をあげよう．『となりのトトロ』における登場人物サツキ（Satsuki）は畑のきゅうりをほおばる前に「いただきます！」と，英語には等価表現がないと考えられる日本語の典型的な定型句を発するが，1993 年の Streamline 版では，字幕・吹替ともに，"Michiko will be jealous!" と訳されている．これはポライトネス理論でいう連帯的で，コネクション志向の訳であり（ミチコ（Michiko）はサツキの友人だが，この場面にはまったく関与していない），北米への受容翻訳と考えられる．

この表現にはそもそも英語に等価表現があるはずはなく，代用表現を考案する以外にないが，2006 年の Disney 版では，行動（きゅうりにかぶりつく様）を描写した訳出と考えられる "Mark, get set, go!"（「ヨーイ，イチ，ニッ，サン，それ！」くらいのニュアンスだろうか）を吹替訳に採用した．

その一方で，Disney 版では「いただきます」に対して，聴覚障害者用字幕では "Looks delicious" とされている．無難ともいえる訳だが，これには重訳（relay translation）という問題が関わっている可能性がある．Cruncyroll (http://www.crunchyroll.com) にあるような，ジブリ作品に比べると比較的マイナーな日本アニメ作品になると，製作者は日本語台本のほかに，ローカル化（各国語にそれから現地語に訳される）英訳台本の両方を用意していると考えられる．翻訳の媒介

となるそのような英語は，Semantic primitives（Wierzbicka 1972），Natural Semantic Metalanguage（Goddard 2008）などのいうところのより普遍的な概念で構成される（文化固有ではない）翻訳で，重訳が想定されていることは明らかだ．このプロセスは，グローバル英語，グローバルテクスト（Kohl 2008, 井上 2015）に関わるプロセスとそのエッセンスにおいて等しいと思われる．

　コンテンツのグローバル化，グローバル翻訳の研究は，YouTube などの動画配信がますます広がりをみせ，「デジタルネイティブ」と呼ばれる世代の比率が高まる現代のネット社会において，社会言語学として無視しえない新たな言語コミュニティを論ずる重要な分野となっていくだろう．本章では紙幅の限りがあり論ずることができないが，さらにはクラウドソース翻訳やファンサブなどとの関わりも重要なトピックとなるだろう．この視点に立った対照言語学や翻訳研究があるとすれば，単に言語上の対照や対比に終わることなく，コミュニケーションの資源，広義のテクノロジーを背景とした，現代においてもっともリアルな社会言語学の課題の一つとなるはずだ．

より深く勉強したい人のために

- 井出祥子（2006）『わきまえの語用論』大修館書店．
- 井上逸兵（2015）『グローバル・コミュニケーションのための英語学概論』慶應義塾大学出版会．
- 岡本真一郎（2010）『ことばの社会心理学』（第 4 版）ナカニシヤ出版．
- 滝浦真人（2008）『ポライトネス入門』研究社．

文　献

池上嘉彦（1981）『「する」と「なる」の言語学』大修館書店．
池上嘉彦（2006）『英語の感覚・日本語の感覚（NHK ブックス）』日本放送出版協会．
井上逸兵（2005）『ことばの生態系―コミュニケーションは何でできているか―』慶應義塾大学出版会．
井上逸兵（2015）『グローバル・コミュニケーションのための英語学概論』慶應義塾大学出版会．
新村朋美（2006）「日本語と英語の空間認識の違い」『月刊言語』**35**(5): 35-43.
新村朋美・ハヤシ，ブレンダ（2008）"This, That and It from a Cognitive Perspective,"『日本認知言語学会論文集』**8**: 439-449.
柳父章（1982）『翻訳語成立事情』岩波書店．
Brown, Penelope and Stephen C. Levinson（1987）*Politeness: Some Universals in Language Use*, Cambridge: Cambridge University Press.

Goddard, Cliff (ed.) (2008) *Cross-Linguistic Semantics*, Amsterdam: John Benjamins.

Goffman, Erving (1967) *Interaction Ritual: Essays on Face-to-Face Behavior*, New York: Doubleday.

Gumperz, John J. (1982) *Discourse Strategies*, Cambridge: Cambridge University Press (井上逸兵・出原健一・花崎美紀・荒木瑞夫・多々良直弘訳 (2004)『相互行為の社会言語学——ディスコースストラテジー』松柏社).

Ide, Sachiko (1989) "Formal Forms and Discernment: Two Neglected Aspects of Linguistic Politeness," *Multilingua* 8(2/3): 223-248.

Kohl, John R. (2008) *The Global English Style Guide: Writing Clear, Translatable Documentation for a Global Market*, NC: SAS.

Langacker, Ronald W. (1985) "Observations and Speculations on Subjectivity," In John Heiman (ed.) *Iconicity in Syntax*, Amsterdam & Philadelphia: John Benjamins, 109-150.

Langacker, Ronald W. (1990) "Subjectification," *CognitiveLinguistics* 1(1): 5-38.

Lakoff, Robin (1973) "The Logic of Politeness; or, Minding Your P's and Q's," In *Papers from the Ninth Regional Meeting of the Chicago Linguistics Society*.

Leech, Geoffrey (1983) *Principle of Pragmatics*, London: Longman.

Leech, Geoffrey (2014) *The Principle of Politeness*, Oxford: Oxford University Press.

Matsumoto, Yoshiko (1988) "Reexamination of the Universality of Face: Politeness Phenomena in Japanese," *Journal of Pragmatics* **12**: 403-426.

Sacks, H., E. A. Schegloff and G. Jefferson (1974) "A Simplest Systematics for the Organization of Turn-taking for Conversation," *Language* **50**(1): 696-735.

Searle, John (1969) *Speech Acts: An Essay in the Philosophy of Language*, Cambridge: Cambridge University Press.

Watts, Richard J. (2003) *Politeness*, Cambridge: Cambridge University Press.

Wierzbicka, Anna (1972) *Semantic Primitives*, Frankfurt: Athenäum.

第7章 社会語用論

小山 亘

7.1 社会語用論とは何か

　語用論には，さまざまな定義があるが，本章では，語用論は，言語が実際にどのように使われているかに関する研究であるととらえる（Mey 2001）．言葉が実際に使われるとき，言葉は，常に現実の社会文化の中で使用され，後者と抜き差しならず結びついている．そのような言葉と社会文化との結びつきに焦点を当てて，言語使用を研究するのが社会語用論である．つまり，社会語用論は，社会や文化などの有り様と，実際に行なわれる言語使用との間に，どのような関係，結びつきがあるのかを探究する．学問分野でいえば，社会文化の研究は，主に社会学や人類学などの社会科学によって担われてきたのだから，社会語用論は，社会学や人類学などの社会科学と語用論，言語研究（特に社会言語学など）とを結びつけるものとなる．

　こうして社会語用論は，社会学や人類学，そして社会言語学などの言語研究の理論や知見を参照しつつ，社会や文化などの有り様と，実際に行なわれる言語使用との間の結びつきがどのようなものであるか，どのように実際の言語使用は，社会文化の有り様を映し出すのか，そして作り出すのか，その実態を審らかにすることをその目的とする．

　以上，本節では，社会語用論という分野の性格について簡単に論じた．詳細は，すでに言及した Mey（2001）に加え小山（2005）などを参照されたい．以上を踏まえ，次節では言語間比較・対照と社会文化間比較・対照の問題について，これも簡単に論じておく．

7.2　言語間比較と社会文化間比較

　まず，言語を比較する場合，かつて言語人類学者のハイムズ（Hymes 1966）が「第二の言語相対性」という名で呼んだ問題，つまり，それぞれの社会や文化によ

って，コミュニケーションの中で言語の果たしている役割が異なるという問題に注意する必要がある．たとえば，書き言葉，識字（リテラシー）の研究では，書き言葉の使われ方，書き言葉の果たす役割，そして書き言葉というものがどのようにとらえられているかは，社会文化集団，諸個人，より一般的にいうとコンテクストによって大きく異なることが知られている（Barton 2007）．

　当然，話し言葉に関しても同様である．話し言葉をどうとらえるかが社会文化（社会文化的コンテクスト）によって異なることは，たとえば，書かれた言葉，特に聖典などに書かれた言葉が「本当の，真の言葉」で，話し言葉は俗なる言葉，俗語にすぎない，価値が低い，というとらえ方があることと，他方，話し言葉こそが「本当の言葉」，日々の生活の中で普通に使われ自分の気持ちを率直に表す「自然な言葉」，いわば「心の声」であり，書き言葉は人工的なもの，不自然なもの，副次的なものであるというとらえ方があること，そのように異なった「とらえ方」（つまり，言語についての考え方，言語イデオロギー）があることからも明らかであろう．

　また，話し言葉が果たす役割が，社会文化的コンテクストによって異なることも明らかである．すなわち，(1) 話し言葉と書き言葉とを別々の「言語」が担っているような社会，たとえば (1a) 最も典型的な書き言葉は漢文（中華帝国の古典語）で，他方，話し言葉は近世日本語のさまざまな変種（俚言・地域方言，社会方言など），あるいは，(1b) 典型的な書き言葉はラテン語（教会ラテン語）で，話し言葉はさまざまな土着語（中世フランス語，中世英語，中世ドイツ語などのさまざまな俗語変種），あるいは，(1c) 典型的な書き言葉は正則アラビア語（古典語）で話し言葉はさまざまな現代俗語アラビア語変種，また，(1d) 典型的な書き言葉は標準フランス語で話し言葉はハイチ・クレオール語のさまざまな変種，などといった社会様態と，(2) それとは対照的な社会様態，たとえば，話し言葉と書き言葉の違い（言と文の違い）を，かなり不透明にしたような言語変種，すなわち「言文一致」をある程度果たしたような言語変種，つまり「標準語」が存在し，その標準語がその社会文化の中で，かつてラテン語や漢文などの聖典・正典の書記言語が占めていたのに似た地位を占め，高位変種となっている（つまり高位変種という社会的役割を担っている）ような社会様態，これら二つの社会様態を比較すれば，話し言葉が果たす役割が社会文化によって異なることがわかるだろう．

　こうして，社会文化によって書き言葉，話し言葉が違った役割を担っているこ

と，そして，書き言葉と話し言葉がかなり一致したようにみえる変種（標準語）が高位変種となっているような社会と，そうでない社会とが存在することがわかる．もちろん社会文化と言語との関係の実態は，上に描いたような単純な構図ではとらえきれない複雑性を示し，たとえば現代アラブ世界では，正則アラビア語と俗語の下位変種との間に位置づけられるさまざまな中間的な変種，特に近代アラビア語（口語）の書き言葉，つまり言文一致的な標準語の存在を認めるかどうかが，「西洋」や「近代」，「（汎）アラブ」や「イスラーム」など，地政学的なアイデンティティに関わる重要な政治的，社会文化的問題となっている（Haeri 2003）．そのような社会文化における「標準語」と，正則アラビア語や教会ラテン語のような聖なる言葉が高位変種となっていないような社会文化（たとえば英米のそれ）における「標準語」とが，かなり異なったものとなっていることは明らかであり，両者を比較するときには，それらの間の差異を十分に認識する必要がある．

さらに，本章で以下に詳しくみるように，後者の類型に属するような社会文化，たとえばイギリスやアメリカ，日本など，聖なる言葉ではなく言文一致体の俗語（標準語）が高位変種となっているような社会文化でも「標準語」の位置づけ，何が標準語となっているかに関して重要な社会文化的差異が存在する．

以上，書き言葉，話し言葉，ひいては標準語のような言語変種の有り様が社会文化によって異なり，言語を比較するときには，その事実に注意する必要があることを確認した．さらに，以上で述べたことは，いわゆる文法研究にも当てはまることに注意を促しておく．つまり，二つ（以上）の言語，たとえば英語と日本語とを比較して，その文法的違いを記述・分析するとき，注意しなくてはいけないことの一つに，そこで扱っているデータが，それぞれの言語のどの変種に属するのか，標準変種なのか非標準変種なのか，そしてどのような標準変種か（あるいは，どのような非標準変種か），といった点がある．たとえば英語の標準変種，特にフォーマルな標準変種と，日本語の非標準変種や，あるいはインフォーマルな標準変種（口語的な標準変種）とを比較して，日本語の文法の方が英語の文法よりも，コンテクスト依存性が高い，つまり口語や日常的な，インフォーマルな言語使用が典型的に示すような特徴を顕著に示す，などと論じてしまっては，分析の仕方が誤っているといわざるをえないだろう．言語を比較するときには，社会文化的な条件を揃える必要，つまり，二つ（以上）の言語の間で比較可能性が高い言語変種やジャンルなどに属するデータ，類似した社会文化的属性を示すデ

ータを比較する必要がある．

たとえば，河原・永井（2005: 82）が引用している以下のデータを参照されたい．

(1) Sparse hair or, worse still, baldness makes impossible the natural wish of men and women to be just like other people. The mere fact of looking so different causes disdain, suspicion and ridicule.

訳例1：薄い髪，あるいは，さらに悪いことには禿げは，男と女の他の人々とちょうど同じでありたいという自然な願望を不可能にする．そんなに違ってみえるという単なる事実が，軽蔑，疑惑，そして嘲笑を生む．

訳例2：人間なら誰しも，人と同じでありたいと願うのは自然なことだ．ところが髪が薄かったり，もっと始末が悪いことにまるきり禿げていたりでは，こうした願いも空しいものになってしまう．ただ外見が違っているというだけで，ひとから馬鹿にされたり，怪しまれたり，嘲笑されたりしてしまうのである．

まず，英文と訳例1では，無生名詞が動作主となっているなど，名詞が目立つ構成となっている一方，訳例2はそれほど名詞が目立っておらず，いわば「より動詞中心的」であるような印象を与えることに注意してほしい．そして次に，日本語の標準変種を使用する者が抱く「直感」としては，訳例2の方が「わかりやすい」，「日本語として，こなれている」，「自然な日本語だ」，訳例1は「日本語らしくない」，「日本語としてやや不自然」，「直訳調だ」，「英語のようだ」などといったものが一般的であると思われ，ここから，英語は名詞中心，日本語は動詞中心などといった言語類型論的な仮説に至ったりするのは，いわば自然なことだといえる．

しかし，言語変種，より一般的には，言語の社会文化的様態，特にここではレジスターやジャンルというものに注目すれば，やや異なった見立てが現れる．上掲の英文も日本文も両者とも，たしかに標準変種に属しているように思えるが，より詳細にみると，上の英文の文体（スタイル）は，科学などの分野で使われる言葉との類似性が比較的高い，一種の擬似的な学術レジスターともいえるもののようである．つまり，ややハイ・ブロー気味，あるいはミドル・ブローの新聞やエッセイなどにみられる文体で，ここではそのフォーマルなスタイルと（少し卑近ともいえる）内容との間に不一致が観察され，その結果，おかしみが生み出されるということも，読みのコンテクストによっては可能なものとなっている．他

方，この英文とほぼ同内容の「日本語らしい」文であると直感的に思われがちである訳例2は，訳例1と比較すれば明らかなように，かなりフォーマリティが低いように思われる．したがって，上の英文と訳例2とを比較して，日本語の方が英語よりも名詞的でなく動詞的であると考えるのは，フォーマリティが違うもの，いわば，みかんとりんごではなくみかんと猫とを誤って同種のものとして比較しているのと同じようなことではないだろうか．実際，以下のような，ともに標準変種に属するが，フォーマリティが異なった二つの英文を比較すれば，上で「日本語的」な特徴であると思われたものが，実は標準英語の比較的インフォーマルな文にもみられることがわかるだろう．

(2) Experiments show that *Heliconius* butterflies are less likely to ovipost on host plants that possess eggs or egg-like structures. These egg-mimics are an unambiguous example of a plant trait evolved in response to a host-restricted group of insect herbivores.

(3) *Heliconius* butterflies lay their eggs on *Passiflora* vines. In defense the vines seem to have evolved fake eggs that make it look to the butterflies as if eggs have already been laid on them.（Gee 1996: 182）

明らかに(2)よりも(3)の方がフォーマリティが低く，「動詞的」，つまり，上で「日本語らしい」と思えた特徴を示している．ジャンルに関していえば，(2)は科学の専門誌，理論的・学術的な言説に典型的に見られるもので，(3)は，一般向けの科学雑誌などにみられる「平易な」，「わかりやすい」，よって，いわば「自然な英語」ともいえるようなものである．こうして，「日本語らしい，自然な日本語」は「自然な英語」と同じような文体であるという結論，上で得られた類型論的な仮説とは，やや異なった結論に至ることになる．

このような考察は，もちろん日本語と英語が類型論的に違わないことを意味するものではないが，しかし，言語を比較するときに言語変種やフォーマリティ，ジャンルやレジスターなどの変数を揃える（あるいは，少なくともそれらに十分な注意を払う）必要性を強く示唆する．より一般的にいえば，上記のような社会語用論的変数に十分な注意を払うことは，適切な対照言語学的文法研究への前提条件であるともいえるだろう．

もう一点，上の例から得られる教訓をあげるとすれば，対照言語学でよくなされるように，ある言語の表現と，別の言語の表現を横に並べて比較するという行為には，両者の違い，対照性，対極的な特徴を際立たせる（あるいは作り出す）

という効果があることを指摘しておきたい．上でみたように，そのような言語間の対照性は，同一言語内でフォーマリティが異なる二つの文をこれも並置することによりみいだされる同一言語内の対照性によって，相対化できる．そしてそのような複合的な比較の操作を通して，文法の側面と社会的側面の両者にわたり，言語間，そして言語内の違いと同一性の有り様が，より肌理細かく，より包括的に，そしておそらく，より精確に記述できるようになるのである．

7.3 英米「標準語」の比較社会語用論：容認発音（RP）とジェネラル・アメリカン

以上，社会語用論についての説明から始め，言語比較，社会文化比較などについて簡単に説明した．以上を受けて，次に，上ですでに述べた問題，つまり，イギリスやアメリカ，日本など，言文一致体の俗語（標準語）が高位変種となっているような社会文化の間でも「標準語」の位置づけ，何が標準語（以下，標準変種と呼ぶ）となっているかに関して，重要な社会文化的差異が存在することについて，これも簡単に概観する．

まず，標準変種について，次の点を明瞭に把握する必要があるということをイギリス英語を例に指摘しておこう．つまり，すでに上でも示唆したように，標準変種にはフォーマルな変種とインフォーマルな変種があるのだが，同様に，いわゆる方言，つまり地域方言や，あるいは標準変種以外の社会方言（階級やエスニシティ，ジェンダーなど，地域以外の社会的な範疇と結びついた言語変種）にもフォーマルな変種とインフォーマルな変種があるという点である．言い換えれば，標準変種であろうと非標準変種であろうと，それぞれの言語変種（地域方言や社会方言）は，その内部にフォーマルな変種とインフォーマルな変種とをもちうる．

たとえば，トラッドギル（Trudgill 1999）からの例を引けば，"The old man <u>was</u> bloody knackered after his long trip." という文は，下線部が示唆するように（イギリス）<u>標準変種</u>であるがインフォーマルなスタイルを示し，他方，"Father <u>were</u> very tired after his lengthy journey." という文は，<u>非標準変種</u>（イングランド北部方言変種）であるがフォーマルなスタイルを示す．このように，(非) 標準変種と (イン) フォーマルなスタイルとは独立した次元を成し，したがってそれぞれの変種は，最もフォーマルなスタイルから最もインフォーマルなものまでの階層を構成しうる．

しかし，それにもかかわらず，標準語の存在する社会では，標準語がフォーマルで方言がインフォーマル（親密コード）であるというステレオタイプが広くみられ，特に標準語の「モノリンガル」（標準語しか話さない者）にとっては非標準語にフォーマルな変種（親密さの欠如を表すような変種）が存在することは，比較的，意識されにくいようである（したがって，上記のように，トラッドギルのような社会言語学者が，そのことをわざわざ明示的に述べる必要が生じている）．実際，日本で，標準語化の波にさらされた方言の使われる社会では，たとえばピッチ・アクセントなどに方言的特徴を残しつつそれ以外においては標準語の要素が強くみられる方言変種が，公的な場面や疎遠な社会関係にある者たちの間で用いられるフォーマルな高位変種（いわゆる「地方共通語」，つまりローカル化された標準語）として機能していることが頻繁に観察されている．そのような方言社会では，標準語とフォーマルなコードとを同一化する傾向が露骨に示されているといえるだろう．

こうして，標準語が存在する社会は，標準変種のフォーマルなスタイルを高位変種とする一方で，それ自体において階層性を示す非標準変種の全体を，標準変種のインフォーマルなスタイルと同様に低位変種へと転位するという過程を通して，これらの二次元の独立性を（ある程度）不可視化するという点にその特徴をもつ（小山 2011）．

実際，現代社会言語学の創始者の一人ともいえるラボヴ（Labov, W.）は，すでに1960年代末に，上記のトラッドギルの論点，すなわち（イン）フォーマリティと（非）標準語とが，交差する二つの別個の次元であるという事実に言及している（Labov 2003；初出 1969）．ラボヴは，ニューヨークやフィラデルフィアなどの北米都市社会を調査し，そこでは，たとえば母音の直後，そして子音の直前ないし語末にくるrの発声の有無（e.g., 'car' → [kɑː] or [kɑə]），あるいは-ingの発音やbe動詞などといった言語的範疇に関する標準変種と非標準変種との違いが，社会階層やフォーマリティのレベルと体系的な相関を示し，標準変種が全体として社会階層の上層や高いフォーマリティと結びつき，非標準変種が社会階層の下層や低いフォーマリティと結びついていることを統計的に明らかにしたことで知られている（このような相関を示す言語範疇は「マーカー」と呼ばれる）．そのような調査結果に基づき，ラボヴは，この種の社会におけるこれらの言語的範疇（「変異体」variables）に関しては，（イン）フォーマリティと（非）標準語という論理的には独立した二つの次元が相互に独立しておらず，フォーマリティと

標準語，インフォーマリティと非標準語とが体系的に結びついていることを指摘し，そのような結びつきを社会言語学的調査による重要な発見として位置づけている．言うまでもなく，ラボヴが調査した社会とは，標準語による階層化をみた社会，すなわち，上記の二つの独立変数が標準語を機軸に一体化されている度合いの高い社会であり，その典型が北米都市部，あるいはイギリスなどの西欧都市部であった．

こうして，標準語をもつ社会，特にその都市部などでは，フォーマリティと標準語，インフォーマリティと非標準語とが体系的に結びつく傾向が目立って観察され，そして前者のペアは社会階層の上層と，後者のペアは社会階層の下層と結びついている．つまり上層階級も下層階級も，インフォーマルな場面よりフォーマルな場面で標準語の変異形を多く使用するのだが，上層階級は，フォーマルな場だけでなくインフォーマルな場でも標準形を多く用い，逆に，下層階級は，インフォーマルな場だけでなくフォーマルな場でも標準形をそれほど使用しない．ところが興味深いことに，両者の間に位置する中間層は，インフォーマルな場面では標準形の使用頻度がかなり低いにもかかわらず，フォーマルな場面に移行するにつれて一気に高角度のスロープを描いて標準形の使用頻度が上がり，最もフォーマルなコンテクストでは，上昇志向の中間層にとってのターゲットであると思われる上層階級よりも，さらに多くの標準形を使用したり，あるいは，実は標準形ではないのだが標準形にみえるような形を使ってしまったりする（特にマーカーが「安定」したものではなく変化の途上にあるものの場合，このような過剰な同化が生じることが知られている）．

これは「過剰矯正」（hypercorrection）と呼ばれ，たとえば，口語形の"It's me."（対格）に対して学校の英語（いわば「国語」）の授業で正しい形（規範形）だと教えられる"It's I."（主格）に引きずられて，それを過剰般化（overgeneralization）し——つまり，それとの誤ったアナロジー（類推）に基づき——標準形である"between you and me"や"The award was given to Bill and me."（前置詞によって支配されるので対格となる）の代わりに，標準形らしくみえるが実は標準形ではない"between you and I," "For John and I," "The award was given to Bill and I."などという表現を使ってしまうなどが，これに当たる．一般的にいって，そのような過剰矯正に加えて，自分の使っている標準形のパーセンテージを実際よりも多く自己報告してしまう，あるいは，いわゆる「言語態度」テストなどで，標準語の話者を非標準語の話者よりも「知性」などの点で，より高く評価してし

まう，などといった特徴を，上昇志向の中間階級が最も強く示すことが社会心理学などの実験により繰り返し示されてきた．

いうまでもなく，これらの調査結果は，中間層が標準語の規範に最も敏感な層であることを如実に物語っている．もちろん，この集団がそのような行動パターンを示すのは，彼ら彼女らが，労働者階級からホワイトカラーへと移行した人々（つまり親が労働者階級で，自らは中産階級になった人々）を典型的な成員としていること，そしてこの「階級上昇」は，以下に紹介する階級再生産理論，バーンスティン（Bernstein, B.）やブルデュー（Bourdieu, P.）などの研究が示すように，主に学校教育で「成功」を収め，比較的高収入の職を得ることによってなされ，そして，その学校教育は標準語で行なわれ，標準語ができなければ「成功」しえないこと，以上を考慮すれば「理に適っている」といえる（いうまでもなく，教科書や試験は標準語で書かれ，教師が喋る言葉も標準語かそれに近いものとなりがちである）．

さらには，ブルデューも指摘しているように，「プチブルジョワジーの上昇移動しつつあるグループにみられる，必要以上に言葉の正確さを求める傾向」，つまり新たに自分の世代から中産階級になった人々，あるいは上昇志向の強い人々，彼ら彼女らが過剰矯正を行ないがちであるという現象は，低出生率，強い貯蓄傾向といったような，言語研究とは異なる分野，つまり社会学や経済学などの分野によって扱われる現象と，えてして明瞭に結びついており，実際，両者は一体として理解されるべきものである（Bourdieu and Wacquant 1992）．

加えて，これもブルデュー（Bourdieu 1984）が指摘しているように，過剰矯正を行なう者たち（アップスタートたち）の階級的出自が，彼ら彼女らが自己呈示しようとしていると思われるものよりも低い階級であるのに対して，より出自の「高い」人々は，言い間違いなどを敢えてあまり正そう（自己修復しよう）とせず，そうすることによって，自らの余裕，すなわち，自らの地位が，そのような些細な失態などによっては不動のものであることを表したりすることも，かなり頻繁に観察される．

実際，イギリスの貴族的な上層階層は，標準英語からは逸脱した言語使用，むしろコックニーなどと類似性を示すような言語使用の特徴を示したりする．Grillo (1989) も論じているように，19 世紀のヴィクトリア朝時代の小説や手紙などの史料から，上層社会出身の人々は，学校の文法の先生のようには喋らず，「洗練されたカジュアルさ」を示し，ain't を頻繁に用いたり，あるいは（三人称単数現在

の）doesn't の代わりに don't を用いたりすることにより,（明らかに異なった社会に属する下層・労働者階級ではなく),当時,肥大化しつつあった中産階級,ないし上層階級への成り上がり者たちなど,カジュアルなコンテクストでさえ学校的標準変種を多用する集団と自らの違いを示す（差異化する）という性向を有していたことがわかっている.

あるいはイギリス標準変種では,-ing の変異形 [ɪŋ] と [ɪn] のうち前者が「正しい」とされているのだが,すでに 19 世紀の文献でステレオタイプとして現れているほど広く認識されていたように,社会階層の最上位に位置する人々は,いわば「標準語を越えた言葉」の話者として自分たちを単なる標準語の話者たちから区別するため,あるいは標準語の話者たちとは区別された濃密な血縁や知人のネットワークを自分たちだけで形成しているため,さらには,標準語の規範に従うなどせずとも十分に余りある富と名声を享受し続けることが明らかであるためか,[ɪn] を際立って使用し,huntin', shootin', fishin' などと彼らが呼ぶ（発音する）豪奢な（言語）ゲームに興じたのである.

そして他方,つまり社会階層の他方の極では,まさしく標準語がそれに対峙して形成された言語的特徴,すなわち俗悪なものとしてステレオタイプ化された変異形,たとえば「g の欠如した in' [ɪn]」,あるいは「h の欠如」が広く用いられ,それが文学的表象などでパロディーの標的となっている.たとえばサッカレーの『ヴァニティ・フェア』のジョゼフ・セドリーの近侍は,「最も謹厳で正確な紳士」であるとされながら,語り手は,やや諧謔的なおかしみを込めて,彼に次のように喋らせている.

> "Mr. Sedley was uncommon wild last night, sir," he whispered in confidence to Osborne, as the latter mounted the stair. "He wanted to fight the 'ackney-coachman, sir. The Capting was obliged to bring him up stairs in his harms."

つまり,貸し馬車夫（hackney-coachman）の h が欠落する一方,arms の語頭に h が過剰矯正的に挿入され,さらには Captain が Capting へとこれも過剰矯正されている（Mugglestone 2003).

このような事例は,もちろん,イギリスの伝統的な標準語であるとみなされることが一般的な RP（Received Pronunciation,容認発音）が階級,特に（非常に多数の）下層階級や（きわめて少数の）最上層階級から区別された上層階級と結びついたものであることを強く示唆するものである.それに対してアメリカの場合はどうであろうか.

伝統的に，アメリカの権力の中心は東海岸，ニューイングランドのボストン，ニューヨーク，あるいはフィラデルフィア，ワシントンDCなど，特に文化的な顕在的威信のおかれる場所はボストンやニューヨークであり，したがって，これらの地域の上層方言が標準変種となっていることが予想される．にもかかわらず，奇妙なことにアメリカの標準語は「中西部や西部の発音」（ジェネラル・アメリカン）であるとされている．普通，これは，イギリスの伝統的な標準語がRPであるとみなされていることと比較され，古い階級社会であるイギリスの秩序を否定し独立・建国を果たしたアメリカ社会の民主性，平等性を体現するものであるといわれたりしているのであるが，このような言明にはあまり根拠がない．事実，Bonfiglio (2002) によれば，アメリカの標準語は，20世紀前半のアメリカの移民排斥主義，人種主義，特に反ユダヤ主義の産物なのである．

実際，南北戦争以前，18世紀や19世紀前半にアメリカで出版された英語の発音やスピーチに関するマニュアルや指南書は，キリスト教の道徳や階級意識に依拠して，訛りの矯正の必要性を説いており，人種論的な関心は背景に潜伏しているにすぎなかったが，19世紀後半に至ると，人種論的な問題が道徳や階級を補完するようになり始め，やがて両者を凌駕するようになっていく．そして特に，多くのユダヤ系を含む東欧や南欧からの移民が米国，特にニューヨークなどの東海岸の大都市にやってきたのを受けて20世紀初頭に勃興した人種主義の結果，人種論的に，より「純粋」，「純粋な白人」，「純粋なアメリカ人」の土地であるとみなされたアメリカのハートランド，中西部の発音がナショナルな規範となるべきであるとする言説が立ち上がってくる．

つまり，エスニシティを刻印された第二言語学習者たち，ユダヤ系などの労働移民たちの英語変種，そしてそれらによって「汚された」東海岸大都市の英語から，「アメリカの発音」，白人ネイティヴ中産階級の英語変種を差異化し，後者をナショナルな標準，ナショナリスティックな標準とするために，労働移民たちの姿や言葉によって汚されていないアメリカの心臓部，中西部・西部の発音が，訛りのない「ジェネラル・アメリカン」，アメリカ標準語として登記されたのである．そして，この発音を頂点とした社会言語学的階層が，やがて，特に第二次大戦後にはマンハッタンさえ飲み込み，そこでは，たとえばニューイングランド的な「r無しの発音」（car [kɑː]）が下層変種へと転落し，それに代わってジェネラル・アメリカンの「r付きの発音」（car [kɑɚ]）が社会言語学的階層の上方におかれるようになっている（上記のラボヴの研究などを参照）．

このような人種論的な社会言語学的様態は，たとえばハリウッド映画，ディズニー映画における英語の使用にも露骨に現れている．すなわち Lippi-Green（1997）も説くように，古典的には『三匹の子豚』の狼（つまり邪悪な存在）が正統派ユダヤ教徒を想起させる衣装をまといつつユダヤ人の小売商として登場しイディッシュ訛りの英語を喋る，などといったアニメにみられ，より一般には，アメリカ英語が「よい品行」を示す登場人物と，他方，外国訛りの（つまり移民ないし外人の）英語が「悪い行ない」を示す登場人物とそれぞれ正の相関をより強く示す（イギリス英語などは両者の中間に位置する）という統計的パターンが，現在のディズニー・アニメ映画にもみられるのである（Androutsopoulos 2007）．

このうち，イギリス英語に注目すると，興味深いことに，『ライオンキング』や『ターザン』などにみられるように，RP（容認発音）はしばしば悪役に回されている．これは RP（すなわちイギリスのブルジョワや学歴貴族などの上層階級）が「傲慢さ」や「排他性」などの否定的な特性と結びつけられていることに起因すると思われる（Mugglestone 2003）．そして，このような否定的な連関は，近代英国標準語としての RP の斜陽と，それに代わる「ポストモダン・イギリスの標準語」，すなわち Estuary English（テームズ川河口英語）の抬頭の背景要因の一つである可能性がある（Siegel 2010 によると，『スペクテーター』紙の 2002 年 1 月 26 日号に，RP の話者たちが「気取った訛り」を矯正し，河口英語を習得しようとしていることが報告されている．いうまでもなく，これは，『ピグマリオン』，『マイ・フェアレディ』のイライザがやったことの逆である）．

この河口英語に関しては，その存在や様態について言語学者の間でさまざまな見解が示されているが，Mugglestone（2003）によれば，河口英語のインフォーマルな変種はコックニーのフォーマルな変種と（連続するのではなく）重複し，他方，河口英語のフォーマルな変種は RP のインフォーマルな変種と重複するとされている．そのような，コックニーとの距離が近いカジュアルな変種が，新たな標準語として台頭してきていることは，RP と結びついた伝統的な支配階級の没落と，それに代わって現れた新たな上層階級，ニュー・ロンドンのグローバルな金融市場などを席巻するヤッピー的な階層の勃興を表しているともいえよう．このように階級や経済と強く結びついて形成，再形成されがちなイギリス英語の標準語と比較するとアメリカ英語の標準語は，上でもみたように，階級や経済に加え人種ともかなり露骨に結びついたものとなっている．これは，アメリカ英語の標準語が，特に「黒人英語」（アフリカ系アメリカ人俗語英語）と対照された場

合，「白人英語」などと呼ばれることがあることによっても示唆される．実際，公的な場では人種差別の表明がタブーと化しているアメリカのような社会に生きる人種差別主義者たちは，たとえば1996年から97年にかけて起こったエボニクス論争にみられたように，黒人を批判するのではく黒人英語を批判したり，あるいはイングリッシュ・オンリー（英語公用語化）運動にみられるように，ヒスパニックを批判するのではなくスペイン語を喋ることを批判したりしている．つまり現代アメリカでは人種の問題が言語（および文化）の問題に置き換えられて語られているのであり，これは，上でみたような，アメリカ標準語としてのジェネラル・アメリカンの勃興にまつわる排外主義的，人種論的背景を，「中西部」や「西部」の発音などと，地域的な範疇にすりかえて語るという修辞とも共鳴する．

なお，合衆国の法制度では，人種，宗教，性，出生国などと違い言語は差別の根拠となる範疇（"suspect category"）とはみなされておらず，これが，より一般的な公的言説における人種のタブー化とともに，言語が人種について語るための「コード・ワード」となっていることと関係していることは明らかである．Sonntag (2003) は，このような法的言説における言語の位置づけは，アメリカのリベラル民主主義の伝統，つまりジョン・ロック的な伝統においては，言語がアイデンティティの指標ではなくコミュニケーションのための中性的な道具であると考えられていることに由来する面があることを正しく指摘している．

以上，イギリスとアメリカの標準英語について，その特徴を概観した．日本の標準語の社会文化的な特徴とその歴史的な背景については小山（2011）で解説したので紙幅の都合上，ここでは割愛し，ただ，日本の標準語は近代西洋標準語を模して，そして中華帝国やその漢文，および日本の俚言・方言と対峙して形成され，やがて近代西洋標準語とも対照的なものとして捉えられるに至ったものであることのみ，述べておく（7.2節で見たような日英対照言語学的な仮説を想起されたい）．つまり日本標準語は，脱亜入欧を目指し近代化を推進し，やがて「近代化した非西洋社会」という自己認識を得るに至った近代国民国家日本の社会史をかなり露骨に表すような類の言語変種，ナショナルな言語変種なのである．そしてそのナショナルな性格は，標準語と国語との結びつきに強く示されており，国語は，もちろん「国語」などの学校の授業や，そこにも現れる「国文学」などといったものを中核としている．

以下，次々節では，そのような国語の有り様を一瞥するが，学校と標準語の結びつきは，当然，日本社会に限定されたものではなく，すでに上でも示唆したよ

うにイギリスやアメリカにもみられる．したがって次節では，まず，イギリスの学校での言語使用と階級の結びつきを探究したバーンスティンの研究を概観し，続いてアメリカと日本の場合を扱うこととする．

7.4 クラス／教室と階級，エスニシティ，そして移民の言語

広く知られているように，教育言語学者のバーンスティンによれば，労働者階級の家庭では，彼が「限定コード」と呼ぶものが使われており，これは，中産階級の家庭や学校で用いられる「精密コード」とは異なるため，労働者階級の子どもたちは学校教育に上手く適合しそこねる．その結果，彼らの学歴は低くなり，こうして親と同じように彼ら自身も労働者となっていく．その子どもたちもまた彼らと同じ運命を辿りがちであり，こうして階級が代々，親から子へと言語と教育を通して再生産されてしまう（Grillo 1989）．

初期のバーンスティンの著作では，これら二つの「コード」は，価値や志向性などの抽象的なものというよりも（あるいはそれに加えて），具体的な喋り方，さらには，部分的には形態的特徴によって性格づけられるものとされていた．たとえば，教室での発言やエッセイなどで，自分の両親に言及する場合，中産階級の子どもたちがDadやMomなどを用いるようなコンテクストで，労働者階級の子どもたちはheやsheなどの代名詞，つまりコンテクスト依存性の高い表現を，より頻繁に使う傾向があることが指摘されている（Mey 2001）．

同様に，限定コードは，you knowやif you know what I meanのような，聞き手の応答（相槌，back channel）を促す表現，isn't it?やdoesn't it?といった「付加表現」(tags)，比較的少ない数の動詞や形容詞の多用，俗語や決まり文句やクリシェー（たとえば，騒ぐ子どもに対して親が，"I'd rather you made less noise, darling."ではなく"Shut up!"などという）の過多な使用，などによって特徴づけられるとされている（宮島 1994）．一瞥すれば明らかなように，これらは，コンテクスト依存性のきわめて高い，相互行為的な表現，および，フォーミュラ的な反復性の高い表現であり，このレジスターのもつ語用論的性格を典型的に示す類のものである．

対照的に，精密コードは，客観的な視点に基づいて個人化された物事の見方を表しているとされ，その言語的特徴としては，意見などを述べるときに一人称単数形を用いて自分の意見であることを明示化すること，想像力のある表現を用い

ること，クリシェーを避けること，そして一般に，より高度に抽象的なレベルで自己表現をすることなどがあげられている．

このような階級間の言語使用の対照性は，もちろんイギリスだけにみられたものではなく，いわゆる（ポスト）産業化された社会において広く観察される．たとえば，ニュージーランドの調査では，you know や eh は中産階級よりも労働者階級の発話で頻出し，I think は中産階級の発話で頻出するというパターンが確認されている（Cheshire et al. 2005）．さらに，このニュージーランドの調査では，両方の階級に関して，you know はインフォーマルなスタイルの発話で頻度が高く，I think はフォーマルなスタイルの発話で頻度が高いことが観察されており，これは明らかに，この語用論的な「ディスコース・マーカー」（談話標識）の使用に関する階級間，およびフォーマリティ上の変異のパターンが，上で論じた，ラボフなどが異音や形態統語範疇などに関して明らかにしてきた社会言語的階層性と同じ類型に属するものであることを示している．

さて，興味深いことに，このようなイギリスなどでの階級間の言語使用の対照性と類似したものが，アメリカ合衆国では人種に焦点化した研究において示されている（イギリスにおける階級とアメリカにおける人種という対照性については上記参照）．たとえば Gee（1998）は，11 歳の黒人の少女が友人たちに語った物語と 11 歳の白人中産階級の少女が共感的な態度を示す成人女性に対して語った物語とを比較し，後者が学校的価値と適合したスタイルを示したのに対し，前者は口承文化に典型的にみられるようなスタイルを示したことを報告している．特に後者が論理構造や命題内容に焦点化して韻文的反復などをあまり用いなかったのに対して，前者は韻文的反復などを多用し，（命題内容ではなく）言葉自体を詩的に構造化する様が観察された．

これと類似した現象は Adger et al.（2009）の報告するもろもろの研究によっても示されている．たとえば小学校などでの sharing time（あるいは show and tell）と呼ばれる活動において，中産階級の白人アメリカ人の教員は，出来事を順番に語っていく線的なナラティヴ・スタイルを期待し，白人の子どもたちの語りはこのパターンに基本的に沿っていたため，教員から，語りの技術をより洗練させるのに有益なコメントを得ることができたが，他方，労働者階級のアフリカ系アメリカ人の子どもたちの語りは，このパターンから，より乖離しており，教員から生産的な反応を得ることができなかった．後者の語りは，しばしば，単一の挿話ではなく，複数の場面からなるいくつかの挿話から構成されており，加えて，「ま

た」(also) という意味での and then などのナラティヴ・マーカーを多用していたのだが,白人アメリカ人の教師は,この種のナラティヴを「形になっていない」ものとみなし,「一つのことだけ」について語るように,つまりトピックを中心にナラティヴを構成するように指示していた.こうして後者の語りは,異なったものとしてではなく劣ったもの,欠陥をもつものとみなされ,自分たちの家庭やコミュニティでの語りのパターンを否定された子どもたちは,自分たち自身の言語能力を低く評価したり,あるいは学校やその言語使用からさらに距離をおくようになりがちとなるのではないかと推察できる.

以上,イギリスなどでの階級と教育,続いてアメリカでのエスニシティと教育に関する社会語用論的研究を一瞥した.前者についてはバーンスティンのあげている精密コード/限定コードの言語的な特徴について概説したが,社会語用論的にいうならば,両コードの主な相違点はコンテクスト依存性の高低にある.つまり中産階級や学校が用いる精密コードはコンテクスト依存性が低く,よりフォーマルで,言語教育学者であるカミンズ (Cummins, J.) の語彙でいえば CALP (Cognitive Academic Language Proficiency, 学習思考言語) に近く,他方,労働者階級の用いる限定コードはコンテクスト依存性が高く,よりインフォーマルで,BICS (Basic Interpersonal Communicative Skills, 社会生活言語) に近い,となろう (Cummins, 2000).

事実,カミンズの議論が再生産理論と強く関わっていることは,日本の教育社会学における再生産理論的な議論の中でカミンズの研究がしばしば言及されていることによっても示唆されている.たとえばニューカマーの子どもたちを調査した清水 (2006: 31-43) によれば,日本の学校の教師は,ニューカマーの子どもたちが「やれている」,つまり,「日本語による教師の指示や子ども同士のやりとりに対する反応に大きな逸脱がない」ことを,学校の「日本語がある程度理解できるようになった」(つまり CALP が,ある程度,習得された) と解釈しがちであるが,前者は,後者によるよりも,むしろ「教師の指示に対する日本人の子どもの反応や,日本人の子ども同士のやりとりに反応している他の日本人の子どもの反応等を手がかりとして生み出されていることの方が圧倒的に多い.」このような教師の誤解に基づいて,実は CALP に困難のある生徒が,学校の日本語が「わからない」と教師にいえないまま学校生活を送っていることが,まま,あるという.

さらに,外国人の子どもも日本人の子どもも平等に扱うべきだという戦後日本的教育の平等主義も,外国人の子どもが「わからない」といえないような空気を

教員が作り出すことに貢献していると清水（2006）は指摘している．特に，日本生まれ，あるいは幼少期来日のニューカマーの子どもたちの場合，BICS の習得がなされているため，就学当初から「特別扱いしない」という平等主義の規範に基づいて教師は対処することが一般的であるが，上記のようにして，これらの子どもたちの CALP の習得は進まないため，学業達成が低位にとどまりがちとなる．この状況に対して教師は，しかし，CALP と BICS という社会語用論的な相違に基づく理解の枠組みをもたず，個々の子どもの「努力」の問題，つまり個人的な責任と人格の問題として理解してしまいがちであるという．こうして，社会語用論的な再生産の問題が，個々人の性向の問題として解釈されてしまい，そのような解釈を通して再生産が反復してなされていくという過程が生じていることが推察される．

つまり，バーンスティンがイギリスの教育にみたような，階級による言語使用のパターンの違いが教育を通して，親から子へと階級の再生産をもたらすという現象，その中枢の一角をなすコンテクスト依存性の程度の違いに基づく異なった言語使用のパターン（CALP vs. BICS）が，日本でも，社会における移民の周辺的な位置づけの教育を通した再生産に関与している可能性が示唆されている．

7.5　日本的再生産とその言説

前節でみたようなバーンスティンやブルデューの再生産理論が日本に導入されて以来，教育社会学などの領域において，特に竹内洋などにより，ブルデューが対象としたフランス社会，あるいはバーンスティンが扱ったイギリス社会などとは異なった日本的な教育と再生産の有り様が存在するという議論，より具体的には，英仏などでは階級による言語使用や文化様態の違いが明瞭に存在し，それが教育を通した社会階層の再生産につながるのに対し，日本の教育システムを通して再生産されるのは国民文化や日本的教養，日本人らしさ，すなわち文化の同質性であるという議論が展開されてきた．

さらには，竹内以外の社会学者や教育学者にも，日本では，ブルデューなどが論じるように，諸社会集団が学校を利用して階層性を再生産するのではなく，むしろ，学校によって諸社会集団が形成される「学歴社会」こそが日本社会の実情を表すものであると唱える者も存在する．こうしてたとえば，試験機関による選抜の機能と学校機関による教育の機能が社会組織上，分離されているイギリスな

どの中等教育制度とは異なり，日本の制度では両機能を学校が担うことにより，「頑張った者こそがよい学校に進学できる」，「よい学校の出身者ほど優秀な人である」などといった学歴主義，学校的業績主義が蔓延し，結果的に，学歴主義の蔓延する社会，学歴社会が形成されているという見解が示されている（志水 2003）．

そして，そのような「業績主義的」日本社会とは異なり，出身階級による再生産が行なわれる英仏は「属性主義的」である，そして「階級」の再生産が行なわれる英仏と違い日本は「階層社会」である，などといった論が展開されたりしている（このような議論にみられるような社会文化比較論は，もちろん，「西欧／日本」という構図を措定する点において，7.2 節で触れた対照言語学的な仮説と同じ轍を踏むものであることに注意されたい）．

こうして，日本における再生産の問題は，学歴社会，（学校的）業績主義，国民文化，日本人らしさ，日本的教養，などといったものと結びついたものとして教育社会学者たちによって語られてきた．そしてこのような業績主義や学歴主義，教養主義，ナショナリズムの結びつきは，もちろん，国文学，日本文学という制度の構成にも重大な帰結をもたらすことになる．すなわち，教養主義やナショナリズムの中核の一つをなす近代日本文学は，教養主義やナショナリズムが学歴主義と結びついているために，学歴主義，学校という制度の中に深く入り込むことになり，よって，たとえば以下のような文学的な，あまりに文学的な言明が生み出される．

> 「文学」をめぐる話題は，いまでも「中流」階層の自意識と結びついている．夏目漱石や森鴎外が高等学校の一部の「国語」教科書から消えることが記事になり，教養の欠如が嘆かれている．それは教養というかたちで「中流」の外延を定めるラインの揺らぎに見えたからだろう．まさに階級と呼びえないほど蔓延したこの「中流」階層，そしてその実体を構成している諸言説こそ，近代日本の文化と社会を読み解いていく鍵にほかならない（紅野 2003: 100; 傍点は原文）．

すなわち，日本文学，より一般には日本の高等言語文化は，学校的，中流的な性格が強く，よって一般学校の言語文化と上層階層の言語文化との境が不明瞭であることが近現代日本社会文化の特徴となっているという点に，ブルデューなどが分析したような英仏的言語文化の様態，すなわち一般学校の言語文化と上層階級，特に最上層階級の言語文化（7.3 節参照）との境界が比較的明瞭な社会（「階

級社会」）とは異なった「階層社会」,「学歴社会」としての日本の特徴があるということになる（上記引用文中の傍点部参照）．

　ブルデューに倣っていうならば，このようにして，つまり上の引用文によって記述されている社会文化的な様態のみならず,(そのような様態を部分的に構成している) 上の引用文のような比較社会文化論的な言説を通して，日本における階級的階層化の現実は，たとえば教育や文学という制度・言説を通して現れる学歴主義，業績主義，教養主義，ナショナリズムの結びつきの効果として隠蔽され不可視化されているといえるであろう．

　以上，本章では，特に標準語，フォーマリティ，コンテクスト依存性の高低，教育，国語，国文学などといったテーマと関連づけて，イギリス，アメリカ，そして日本，以上の三者を比較対照分析の素材とし，社会文化の有り様，特にここでは階級や階層，エスニシティ，ナショナリティなどの有り様を，言語使用を切り口に解明しようとする学問分野である社会語用論を紹介した．

より深く勉強したい人のために

- Mey, Jacob L.（2001）*Pragmatics: An Introduction*, Second Edition, Oxford and Malden, MA: Blackwell．（邦訳：メイ，ヤコブ L. 著，小山亘訳（2005）『批判的社会語用論入門：社会と文化の言語』三元社）．

　　社会語用論の大家による語用論の入門書．入門書にしてはやや難しいが，発話行為論や推意の理論，関連性理論などだけでなく文芸や社会文化を含む語用論の広範な射程を知るには最適である．

- 小山亘（2011）『近代言語イデオロギー論：記号の地政とメタ・コミュニケーションの社会史』三元社．

　　語用論に加え，社会言語学，言語人類学，言語記号論など，さまざま分野の知見を援用して，特に近現代日本における社会と言語使用，コミュニケーションの有り様を描きだそうと試みている．かなり難解ではあるが，社会語用論の広がりや深みを知るには適している．

- Heath, Shirley B.（1983）*Ways with Words: Language, Life, and Work in Communities and Classrooms*, Cambridge: Cambridge University Press.

　　教育言語人類学，リテラシー研究などの分野で定評のある著作で，社会語用論の古典的な金字塔と位置づけられる．本章で述べた社会文化的な言語使用と教育との関係を，特に人種融合教育政策が導入された後のアメリカの南部東海岸で，白人を中心とした中産階級，白人労働者階級，黒人労働者階級，これら三者のコミュニティや家庭，

および教室での言語実践を調査，比較・対照し，社会文化と言語，教育との関係について現実的な記述・分析を行なっている．

文　献

河原清志・永井那和（2005）「認知言語類型論に基づく英日通訳・翻訳における品詞転換方略の分析」『異文化コミュニケーション論集』3: 81-94.

紅野謙介（2003）「「文学場」と階級をめぐって」宮島喬・石井洋二郎（編）『文化の権力：反射するブルデュー』藤原書店，87-100.

小山亘（2005）「社会と指標の言語：構造論，方言論，イデオロギー論の統一場としての史的社会語用論」片桐恭弘・片岡邦好（編）『社会・行動システム（講座社会言語科学第5巻）』ひつじ書房，40-53.

小山亘（2011）『近代言語イデオロギー論：記号の地政とメタ・コミュニケーションの社会史』三元社．

志水宏吉（2003）「「再生産」という眼鏡：ブルデューと日本の教育」宮島喬・石井洋二郎（編）『文化の権力：反射するブルデュー』藤原書店，65-85.

清水睦美（2006）『ニューカマーの子どもたち：学校と家族の間の日常世界』勁草書房．

宮島喬（1994）『文化的再生産の社会学：ブルデュー理論からの展開』藤原書店．

Adger, Carolyn Temple, Walt Wolfram and Donna Christian (2009) *Dialects in Schools and Communities*, Second Edition, New York and London: Routledge.

Androutsopoulos, Jannis (2007) "Bilingualism in the Mass Media and on the Internet," In Monica Heller (ed.) *Bilingualism: A Social Approach*, Basingstoke and New York: Palgrave Macmillan, 207-230.

Barton, David (2007) *Literacy: An Introduction to the Ecology of Written Language*, Second Edition, Malden, MA, and Oxford: Blackwell.

Bonfiglio, Thomas Paul (2002) *Race and the Rise of Standard American*, Berlin and New York: Mouton de Gruyter.

Bourdieu, Pierre (1984) *Questions de sociologi*é, 2 ème édition, Paris: Minuit.

Bourdieu, Pierre and Loïc J. D. Wacquant (1992) *An Invitation to Reflexive Sociology*, Chicago: University of Chicago Press.

Cheshire, Jenny, Paul Kerswill and Ann Williams (2005) "Phonology, Grammar, and Discourse in Dialect Convergence," In Peter Auer, Frans Hinskens and Paul Kerswill (eds.) *Dialect Change: Convergence and Divergence in European Languages*, Cambridge: Cambridge University Press, 135-167.

Cummins, Jim (2000) *Language, Power and Pedagogy: Bilingual Children in the Crossfire*, Clevedon: Multilingual Matters.

Gee, James Paul (1996) *Social Linguistics and Literacies: Ideology in Discourses*, Second Edition, London: Routledge-Falmer.

Gee, James Paul (1998) "Two Styles of Narrative Construction and their Linguistic and Educational Implications," In Jenny Cheshire and Peter Trudgill (eds.) *The Sociolinguistics Reader,* Vol. 2: *Gender and Discourse,* London: Arnold, 295-314.

Grillo, Ralph D. (1989) *Dominant Languages: Language and Hierarchy in Britain and France,* Cambridge: Cambridge University Press.

Haeri, Niloofar (2003) *Sacred Language, Ordinary People: Dilemmas of Culture and Politics in Egypt,* Basingstoke and New York: Palgrave Macmillan.

Hymes, Dell (1966) "Two Types of Linguistic Relativity (with Examples from Amerindian Ethnography)," In William Bright (ed.) *Sociolinguistics: Proceedings of the UCLA Sociolinguistics Conference, 1964,* The Hague: Mouton, 114-167.

Labov, William (2003) "Some Sociolinguistic Principles," In Christina Bratt Paulston and G. Richard Tucker (eds.) *Sociolinguistics: The Essential Readings,* Malden, MA, and Oxford: Blackwell, 234-250.

Lippi-Green, Rosina (1997) *English with an Accent: Language, Ideology, and Discrimination in the United States,* London and New York: Routledge.

Mey, Jacob L. (2001) *Pragmatics: An Introduction,* Second Edition, Oxford and Malden, MA: Blackwell.

Mugglestone, Lynda (2003) *"Talking Proper": The Rise of Accent as Social Symbol,* Second Edition, Oxford: Oxford University Press.

Siegel, Jeff (2010) *Second Dialect Acquisition,* Cambridge: Cambridge University Press.

Sonntag, Selma K. (2003) *The Local Politics of Global English: Case Studies in Linguistic Globalization,* Lanham, MD: Lexington Books.

Trudgill, Peter (1999) "Standard English: What It Isn't," In Tony Bex and Richard J. Watts (eds.) *Standard English: The Widening Debate,* London and New York: Routledge, 117-128.

第8章 社会統語論の目論見
―「文法」は誰のものか―

吉川正人

　本章では，「社会統語論」（sociosyntax）という研究プログラムを紹介し，その考え方を詳述する．社会統語論はすでに研究の蓄積のある学問領域ではなく，筆者が構想中の研究プログラムである．また，その名前から，「社会言語学的な統語論」「社会言語学の手法を統語論に適用したもの」と思われるかもしれないが，そうではない．社会統語論とは，統語論という研究領域で扱われてきた対象を，「社会」という観点からとらえなおす試みで，いってみれば，「メタ統語論」である．つまり，統語現象を解析し記述し一般化する営みではなく，「統語現象とは何か」を考え体系的に説明しようとする試みである．ここでいう「社会」とは，複数の個人が何らかの「関係」によって結びついた構造体を指す．

　以下に社会統語論の基本的想定を提示する．

(1) a. 統語論が記述してきたような文法規則は個人のもつ知識・能力ではなく，言語コミュニティに宿る「社会知」としての慣習の体系である．
　　b. 文法性判断は，「どのような表現が許されるか」に関する社会的な推論の結果にすぎない．
　　c. 個人のもつ知識，「個人知」はそれまでに見聞きした言語表現の事例の蓄積（事例記憶）が基盤となっており，その事例記憶には意味やコミュニケーション上の情報（e.g., 発話者，含意）などエピソード的な無数の情報が含まれている．
　　d. 個人の行なう言語運用とは，(1c) に提示した事例記憶に付随する情報に基づく多種多様な社会的推論の産物である．

詳細は 8.3 節で提示する．

　以下では，まず 8.1 節で議論に必要な概念の整理を行なう．具体的には，「統語論」の分析対象を明らかにし，何を分析することが「統語論」となり得るかを明確化させる．次に，8.2 節で社会統語論の考え方を提示するにあたって前提となる知見を提供してくれる複数の先行研究を紹介する．いずれも統語論の分析対象となる，いわば「文法」と，社会とを接続する議論となっている．続いて，8.3 節で社会統語論の詳細を提示する．ここで，具体的な言語現象の例として，主にコーパス言語学の知見として得られた内省と言語実態の乖離という現象を取り上げる．

8.1 統語論とは何か

　本節では，社会統語論という研究プログラムを紹介するにあたって必要となる概念の整理を行なう．具体的には，「統語論」という研究領域，およびその対象となる「統語」という現象に対して暫定的な定義を与え，その諸相について考察する．

8.1.1 「統語（論）」の定義

　統語論という学問分野が対象とする現象，すなわち統語現象とは，要素の組合せに関する規則性であるといっていい．しかしここでいう「要素」とは，一般に「意味を担う」とされている要素に限定される．意味を担わない要素には，音素や（表音）文字が該当する．音素の組合せ，あるいは配列を扱うのは音韻論である．

　ただしあくまでこれは記述対象にすぎないため，ここでは，要素の組合せに関する規則性とは，一体いかなる実体であるかということを考える．要素はただ組み合わされればいいわけではなく，その結果には「意味」があり，組合せ方を変えれば意味が変わったり，そもそも意味が通じなくなったりしてしまう．したがって，統語論とは，任意の要素の組合せがある一定の意味になることを記述し一般化する領域であり，その記述対象たる統語現象とは，組み合わされた要素と意味との対応関係であるといえる（Cf 郡司 2002: 2）．

　なお，統語現象をこのように定義したとき，それは一般に「文法」と呼ばれているものと同一視することが可能となる．たとえばいくぶん比喩的ではあるが，「絵画の文法」などといった場合に想定されるものは，任意の絵画の形式に対し一定の解釈を与えるような作法であろう．以降特に断りなく「文法」といった場合は，「統語論」と等価である．

8.1.2 「文法」のありか

　このように統語論を既定したうえで次に考えたいのは，そのような規則性はいったい「どこにあるのか」ということである．この問いに対しては，チョムスキー（Noam Chomsky）をはじめとする現代の（理論）言語学は「ヒトの頭の中にある」，という回答をするだろう．規則は単に観察されるだけでなく，我々のもつ母語話者としての言語知識を反映したものであると考えるわけである．言語に観

察される規則性は，いわば「逆算的」にその知識を推定したものということになろう．たとえていえば，ある人物 A が自宅から最寄りの駅まで常にある一定のルート R で通っているという事実を観察した際，観察された規則 R を「A が R を最短だと知っている」という知識の反映であるとみなす，という発想である．

しかし，ヒトの振る舞いに規則性がみられたとしても，それがヒトの知識の直接の反映であるとはいいがたい側面もある．たとえば「京都の鴨川河川敷に座るカップルの配置」現象（いわゆる「鴨川等間隔の法則」; e.g., 森田ほか 1986）などを考えてみると，観察される現象としては「カップルが等間隔に座っている」という規則性であるが，当事者たちにそのような規則性が知識として備わっていて，その知識に基づいて身体を配置しているとはにわかには考えにくい．実際に起きているのは，一定の範囲内で「同席者」たちと最大限距離をとろうとする中で自然発生的に座る位置の間隔が等間隔になっていく，という現象であろう．一般にこのような現象は「創発（現象）」（emergence）と呼ばれる．もちろん，文法にみられる規則性とこのような身体配置にみられる規則性とは随分と性質が異なるものであるのは確かだが，かといってその相違がどれだけ本質的なものかということは，自明ではない（図 8.1）．

鴨川等間隔の法則における「規則性」とは，規則性そのものとは独立の要因から派生的に生じる現象であり，個々人の相互作用に「宿る」ものである．上記の

図 8.1　鴨川に等間隔にならぶカップル
(https://farm2.staticflickr.com/1303/1028461959_2b1e9b1d24_z_d.jpg)

問の回答として表現し直すのだとすれば，それは「ヒトの個体同士の相互作用の中にある」ということになろう．やや大雑把に単純化すれば，「社会の中にある」ともいえる．ここでは，文法とは結局，鴨川等間隔の法則と同様に，ヒト個人の「外」にあって，現象として現れるものにすぎないと考える．8.3.2項で述べるが，社会統語論では，文法とは「社会知」（social knowledge）であり，コミュニティにおける個体同士の相互作用の中に宿るものとして想定している（吉川 2010a, b）．論証は以降に譲る．

8.1.3 「現実の文法」と「理想の文法」

ここで，改めて概念の整理を行なう．鴨川等間隔の法則は現実に観察可能な「表れ」であり，文法がこれと同質なのであれば，それは使用された言語の振る舞いから観察可能なものということになる．一般的に文法の規則性を確かめる方法は二つあって，一つはこのような観察可能な規則性をデータから帰納的に発見するというやり方である．いわゆる「記述文法」（descriptive grammar）と呼ばれる文法はこの類であろう．もう一つは，主にチョムスキー以来の理論言語学で多用されることとなったものであるが，母語話者の「直観」に基づくものである．内省によって任意の表現群が文法的か否かを判断し，文法規則の「輪郭」あるいは「境界条件」を発見するという手法である．これは必ずしも観察可能ではない規則をも発見することができ，また観察可能なデータが限られているが，それでも何らかの規則性が存在しているような場合にも適用できるため，広く採用されている方法であるといえる．前提としては，当然ながら文法を個人のもつ「知識」として想定する文法観が存在する．自身のもつ知識なのだから内省によってアクセスが可能であろうという論理である．

実は，両者の描く文法の姿には少なからぬ「ズレ」が生じることが明らかになっている（詳細は8.3.3項に譲る）．ここで問題となるのは，この両者の差違とは一体いかなる性質のものであるか，ということである．前者こそが「真の」文法であり，後者はヒトの内省がアクセスできる範囲の限界に制約された限定的なものである，とも考えられるし，逆に，前者は「文法」以外の多様な要因によって「汚染」されたみせかけの規則性であり，後者こそが「純粋」な文法である，と考えることもできる．実際，生成文法では長らく後者の考えが採用され，文法記述における内省主義が貫かれている．

本章の立場はこうである：両者はともに文法に対して何らかの真実をとらえて

いる，二つの異なる文法であって，どちらか一方が「正しい」とか，「真の」文法である，ということはない．ここでは，前者，つまり言語使用から帰納的に得られた一般化としての文法を「現実の文法」(the real grammar)，後者，つまり内省によって境界条件が認定された結果浮き彫りとなった文法を「理想の文法」(the ideal grammar) と呼ぶ．以降では，両者の実態についてそれぞれ区別しながら考察していく．

　ところで，「鴨川等間隔の法則」は，「現実の文法」と同種の原理で成り立っていると考えらえる．人々の河川敷における身体配置という行動の観察に基づく一般化によってとらえられる規則性であるためである．仮に何らかの要因でこの法則が崩れる，すなわち「例外」的な事態が生じたとしても，それが河川敷に陣取る当事者たちにとってはなんら不自然には感じられず，むしろ一定の（等間隔に並ぶ，という大規則とは別の）規則に則っているものだと感じられるかもしれない．たとえば3組のペア（$P=\{p_1, p_2, p_3\}$）が等間隔に並んでいる状況下で，もう1組のペア p_4 がやってきた状況を考える．p_4 はどこに鎮座しても等間隔の法則は崩れてしまうが，恐らく隣接する任意の2組の中間地点に座ることになるだろう．仮に，p_1 と p_2 の中間地点に座ったとする．このとき，結果として一時的であれ等間隔の法則は崩れるが，「他のペアと最大限距離をとる」という，当事者にとっての規則は保たれており，その距離があまりに近くない限りは，何ら違和感は生じないはずである（図8.2）．

　一方，この4組が並んだ状態を外から観察するものにとってこの4組の配置はどう映るであろうか．推測の域を出ないが，鴨川等間隔の法則に関するメタ知識がない限りは，p_4 が中間に鎮座する p_1, p_4, p_2 の3組の配列部分を，等間隔性に違反し「妙に間隔がつまっている」状態であると認識する可能性が高い．もちろんこれも各ペア間の絶対的な距離にも依存するが，重要なことは，当事者の感覚と観察者の感覚にはズレが生じうる，ということである．

　現実の文法と理想の文法のズレは，これと同質のものであると考えられる．理

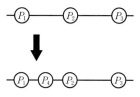

図8.2　p_1, p_2, p_3, p_4 の配列の「乱れ」

想の文法を形作る「内省」とは結局，文法規則に対するメタ認知の産物であり，言語を使用する実践者としてというよりも，それを観察する観察者としての視点が否応なく入り込む．さらに重要なことは，8.3節でも述べるが，このときの「観察」の対象は内省を行なう際に目の前に展開する事態ではなく，「言語の，あるいは文法の姿はこうなっているだろう」という推測の産物にすぎない，ということである．この点は，本章が素描する社会統語論の考え方にとってきわめて重要な意味をもつ．

8.1.4 言語の創造性と保守性

本節の最後に，「現実の文法」を形作る原理についての考察を述べておく．これは鴨川等間隔の法則における「他のペアと最大限距離をとる」という行動原理に対応するものである．

統語論が対象とする要素の組合せに関わる規則は，理論的には無限の表現を生成することを可能にする．これは生成文法におけるきわめて基本的なテーゼであり，「無限を有限個の道具でいかにして説明するか」といった記述上の問題や，「無限の可能性をもつ体系をどうやって学習するか」という言語習得の問題につながり（e.g., Chomsky 1965），多種多様な議論がなされてきた．このような，「組合せによって無限に表現を生成できる」という言語の側面は，「言語の創造性」（the creativity of language）と呼ばれる．

このような言語の性質は確かに存在し，また重要なものではあるが，一方で，実際の言語使用は理論が予想するほど「創造的」ではない，ということも指摘されている．たとえばポウリー（Andrew Pawley）とサイダー（Frances Syder）は「母語話者選択の謎」（the puzzle of nativelike selection）という名のもと，「理論的には多様な表現が可能な状況でも通常使われる表現はごく一部のものに限られる」という事実を指摘している（Pawley and Syder 1983: 192）．求婚のことばとして (2) のようにいうのは英語として自然だが，文法的には問題のない (3) のような表現を使うのはかなり不自然である（Pawley and Syder 1983: 196）．

(2) I want to marry you.
(3) a. I wish to be wedded to you.
　　b. I desire you to become married to me.
　　c. Your marrying me is desired by me.
　　d. My becoming your spouse is what I want.

e. I want marriage with you.
f. What is desired by me is to wed you.
g. I, who am speaking, want to marry you, whom I am addressing.
h. It is my wish that I become married to you.

　定型表現（formulaic sequences）研究の第一人者であるレイ（Alison Wray）も，上記のような，実際の言語使用にみられるきわめて限定的な創造性を指摘しており，言語は非常に定型的（formulaic）であると主張している（e.g., Wray 2002, 2007）．英語話者の使用する表現の7割が定型表現であるという指摘もある（Altenberg 1990, Wray 2002: 2 より）．
　このような言語の定型性，あるいは「保守性」（conservativeness）は，単に創造性が限定的であるということだけでなく，創造性とは異なる性質の言語の振る舞いを説明する．現代日本語には存在しないがかつては存在していた動詞の活用が，諺など定型性の高い表現には残存している，ということがある．たとえば「急がば回れ」「寄らば大樹の陰」にみられるような「未然形＋ば」という形式がこれにあたる．これらは数の原理からすればきわめて例外的でかつ固定化された表現でしか用いられないという点で「文法」という範疇で語るべき対象とはいいづらい側面もあるが，一方で，少数の事例であっても「未然形＋ば」という形式と，「もし～するならば」という意味との対応がみられるという点でまさに「要素の組合せと意味との対応」に関する規則を成立させており，統語現象の一つとして一般化も可能であることもまた事実である．
　突き詰めればこのような「例外」と一般に「文法」として記述される規則との差は何ら質的なものではなく，適用される範囲の規模の大きさの差違でしかない可能性がある．言語の本質を創造性ではなく定型性・保守性に求めれば，これは「保守性の度合い」として尺度化・定量化が可能であり，「規則／例外」のような択一式で考える必要はなくなる．そのとき，言語の創造性とは「定型表現からどれだけ離れているか」という要因として再解釈がなされ，既存の表現を再利用する際に，その一部を改変する（e.g.,「急がば回れ」→「急がば回るな」「急がば回せ」）という操作が創造性の根源として浮かび上がってくる．レイはこのような原理を「必要なときだけ解析」（'Needs only' Analysis）と名づけモデル化している（Wray 2007）．

8.2 「社会」と「文法」の接続

この節では，従来理論言語学で扱われてきた文法の諸側面が，いかに「社会的」な要因に根差したものであるかを示す先行研究を複数紹介する．

8.2.1 事例理論と「制度」としての言語

ポート（Robert Port）は，旧来より認知心理学で発展してきた「事例理論」（Exemplar Theory）に則り，ヒトの言語記憶はすべて具体的な事例（exemplar）からなる事例記憶であるという仮説（"Rich Memory" の仮説）を提案し，その記憶モデルに基づく音韻論（Rich Phonology）を提唱した（e.g., Port 2007, 2010b）．この理論は以下のような想定をもつ．

(4) a. 音素のような抽象的な言語単位に心的な実在性はなく，
 b. 心的実在性をもつように「直感的」に感じられるのは，ひとえに識字教育（literacy training）の結果である；
 c. 表記体系自体は，社会慣習として幾世代にもわたり発達し確立した社会的な「制度」（institution）である低次元（low-dimensional）の「音韻論」の現れであり，
 d. 話者一人ひとりはより高次元（high-dimensional）の豊かな情報を利用しており，このような低次元の音韻論は個体の中には存在しない．

この背景には，音素を音響的に規定することが不可能であるという事実や（Port 2007: 151-152），音素のような抽象的な情報だけでなく発話者の「声」の特徴など豊かな音響情報が記憶されているという事実（e.g., Palmeri et al. 1993）など，音声学上の数々の知見が存在している．

このような議論の帰結の一つは，音素や語彙素（lexeme）のような抽象的な言語単位の分析は，常に言語コミュニティにおけるパターン（the patterns in the speech community）の研究として「社会言語学的」に達成される必要がある，ということである（Port 2007: 164-165）．個体の知識は具体的な事例の集合であり，実際に達成されている抽象的な「振る舞い」はすべてその場その場の「計算」によって成立しているとみなされる．

さらにポートは以下のような重要な主張を行なっている．いわく，同一カテゴリーに帰属する要素に共通の特性は必要なく，皆がそれを同じカテゴリーに属す

ると思っていればよい，という (Port 2010a: 49)．ヒトがもつ言語の事例記憶にはカテゴリーのラベル自体が含まれており，かつそのカテゴリーは社会的な構築物である，ということである．知覚可能な音響的特徴で音素が規定できないのだとしたら，物理的には「異なる」複数の音を「同じ音」と認識させるメカニズムが必要となる．それが，トップダウンに与えられた「カテゴリーラベル」である．この議論は，音韻論にとどまらず広く言語に関する知識全般に適用可能なものであろう．

8.2.2 社会的圧力と文法

バターリ (John Batali) は，多重エージェント系 (multi-agent system) を用いた実験によって，埋め込み構造などの「再帰構造」(recurrent structure) の出現プロセスをシミュレーションすることに成功した (Batali 2002)．実験では，一定数の項をとる一階述語論理をもつ人工言語を作り，その言語を用いてエージェント同士にコミュニケーションさせた．その際，各エージェントには一定の意味と対応づけられた複数の表現の事例 (exemplars) と，その表現の項のみを別の項と置換する，といった単純な操作を行なう能力を与え，自身の持ち合わせる事例を適宜編集できるようにした．また，コミュニケーションを行なった際他のエージェントが使用した事例は記憶され，再利用可能なようにした．事例の編集には「コスト」がかかるよう設定し，コストを最小限にするように制約を与えた．実験の結果，当初一階述語論理しか持ち合わせていなかった人工言語に，埋め込み構造をもつ再帰的な構造が現れた．

このとき，「コストを最小限にする」という制約がもつ効果が重要である．これは，表現改変を最小限に抑える，という制約であり，そのことは，「一度でも誰かが使った表現に限りなく近い表現を使用する」という言語行動を生む．前節で述べた保守的な言語使用を体現する原理である．バターリ自身はこれを「交渉」(negotiation) のプロセスとして特徴づけているが，別の言い方をすれば，「なるべく他者と同じような言語使用をする」という，「社会的圧力」(social pressure) が働いている，という言い方もできよう．

事例として表現が与えられたとき，それを編集する能力があれば，組合せ論的に無数の表現を生成することはできる．しかし文法のように要素の組合せの範囲が一定以内に限定されているようなシステムを体現するには，組合せの「原理」や「制約」を与える必要がある．バターリ (Batali 2002) の実験は，これを「最

小限の編集」という実にシンプルな原理で達成し，あろうことか，ヒトの言語の特異性として声高に主張されている「再帰性」(e.g., Hauser et al. 2002) までも出現させてしまったという点で，きわめて重要な成果である．

8.2.3 「見知らぬ人と話すこと」と文法の単純化

レイとグレース (George Grace) は，レイ自身の行なってきた定型表現に関する研究成果 (e.g., Wray 2002, 2007) とその他さまざまな知見を総合し，「見知らぬ人と話すこと」(talking to strangers) が「文法を単純化させる」という帰結を生む，という仮説を提示した (Wray and Grace 2007). ここでいう「単純化」とは，簡単にいえば「規則的になっていく」こと，「規則化」を指す．彼女らによれば，「ソト向け」(exoteric) な言語は，「ウチ向け」(esoteric) な言語に比べその構造が「透明」になり，非母語話者にも学習が容易になっていくという (Wray and Grace 2007: 551). 実際，英語のようにこれまで数々の言語接触を経てきた言語はきわめて規則性が高く，「透明」で学習が相対的に容易な言語となっているといえよう (Wray and Grace 2007: 555).

ソト向けの言語の場合相手と共有している前提が少なく，必然的に表現の生産性が求められることになるが，生産的であるからといってやたらに表現を改変することは，コミュニケーションの効率を考えると好ましくない．したがって，表現が改変されてもその意味を予測しやすいことが必要となる．規則性の高さは予測性の高さにつながり，生産的でかつ意味の予測がしやすい体系を作り出すことになる．

この議論の下地としては，レイのもつ「言語の無標な状態は定型性である」という想定が存在する．原始言語 (protolanguage) はきわめて定型的で「総体的」(holistic) なものであり，生活に密着した，同一コミュニティの成員に伝える必要のあることがら (e.g.,「食料がどこにあるか」) を伝達するための慣習的な決まり文句の目録であったが，生活環境の多様化といった外的な要因によって多様なことがらを表現する必要に駆られ，徐々に生産性を得てきた，という考えである (e.g.,Wray 1998). 同様の主張はたとえばミズン (Stephen Mithen) の著作などにもみられる (Mithen 2005).

また，カービー (Simon Kirby) らによる「繰り返し学習」(iterated learning) の実験で示されている知見もこれと共通のものであると考えられる．カービーらは，実験室環境で，世代間の言語の継承を人工言語を使って再現し，世代を経る

ごとに言語構造がどう変化していくかを検証した（Kirby and Hurford 2002）．実際は被験者間で伝言ゲーム形式で人工言語を「教え伝える」という方法をとったのだが，この結果，不規則な形式と意味の対応づけにすぎなかった人工言語が，「継承」を経る中でどんどん規則性を帯びていく，というプロセスが観察された．この結果は，カービーらにとっては「世代間の継承」の再現であるかもしれないが，別の見方をすれば，「当該言語を知らない他者への伝達」が言語に与える影響を示したともいえる．こう考えれば，レイの示した言語変化の道筋と，結局は同一の知見を提供していると考えられる．

加えて，レイとグレースは，「規則化」と逆行する言語変化の事例として，「完全に規則的な言語」として開発された人工言語であるエスペラント語の例をあげている．エスペラント語には，少ないながらも母語話者のコミュニティというものが存在する（調査時点で推定 350 人程度：Bergen 2002）．これは，エスペラント愛好家たちが結婚し，生まれてきた子どもにエスペラントで語りかけた結果，母語としてエスペラント語を習得するに至ったものたちのコミュニティである．彼らのエスペラント語，「母語としてのエスペラント語」（Native Esperanto: NE）には，「標準エスペラント語」（Standard Esperanto: SE）にはみられない「不規則性」が観察されたという．

NE に観察された不規則性は多岐にわたるようだが，両親の母語の影響（転用）として説明が難しく，数量としても顕著に観察されたのが，対格標識 (-n) の欠落であった（Bergen 2002: 584-588）．数量にして，SE の半数程度であった．さらに，対格が欠落していない表現の多くが，挨拶などの定型句（e.g., *saluton* "hello"）であったということも報告されている（Bergen 2002: 586）．この事実が意味するのは，規則性は母語話者の言語使用にとってはさほど重要な意味をもたず，それよりも，定型的で慣習的な言語使用の方が「優先」される，という可能性である．仮に規則性が入力データから「発見」可能であっても，それらを「見落とすことができてしまう」（"capable of failing to see"）ということである（Wray and Grace 2007: 567）．

8.3　社会統語論の目論見

本節では，これまで提示してきた知見を総合し，「社会統語論」という研究プログラムがどのようなものであるかを素描する．

8.3.1 社会統語論の概要

8.1.1 項で提示した統語論の定義から，統語論が扱うべき対象は，①組み合わせるべき意味をもった言語要素の目録と，②それらを組み合わせる原理，③および組み合わされた結果できあがる表現の意味を予測できるような規則性である．通常②と③は合わせて「文法」として扱われると思われるが，ここではあえて分離させて考える．なお，生成文法の枠組みの統語論における最新の研究プログラムである「極小主義プログラム」(Minimalist Program: e.g., Chomsky 1995) において，統語論の基本原理として想定されている「併合」(Merge) は②のみに該当し，③は含まない．

以上三つの構成要素に対し，社会統語論は，それぞれ①具体的な言語事例の集積 E，②アナロジーによる事例の運用システム M，③可能な表現の境界を設定し意味の予測性を生む社会的圧力 S，という実体を割り当てる．E については 8.2.1 項で提示した事例理論，およびその流れをくむ言語モデル (e.g., Bybee 2010, 黒田 2007) の想定と同様である．また M については，一般的な類推 (analogy) のメカニズムを想定している (e.g., Gentner and Markman 1997)．S については，8.2.2 項である程度の議論は提示したが，そこでの議論も踏まえて，以降で詳細を解説する．

S は以下のような性質をもつと考える．

(5) a. S とは，コミュニケーションの達成確率を最大化するため，「なるべく他人と同じように話す」ように働く力であり，
b. その源泉は話者が発話の場面で「想定」する言語的「規範」にある；
c. 規範は選択されるが，それは必ずしも厳密に差異化された複数の規範が独立に存在することを意味しない．

この圧力は，言語の「常に他者からやってくる」という性質に起源をもつと考えられる．誰もはじめは「どうやったら言葉が通じるのか」ということを知らない．したがってヒトが言語的伝達に対してとるべき最も賢明な方略は，「なるべく誰かの使った方法を真似る」，すなわち，「なるべく他者と同じように話す」ことである (Keller 1994)．この，「模倣へと向かわせる力」こそが，社会的圧力である (吉川 2010b)．これは権威追従のような意識的なものではなく，無意識的な作用であるが，意識的に回避することも可能である．これは，ヒトに生得的な「同化の本能」のようなものである可能性もある (Trudgill 2004: 28)．

(5c) は同一の表現の適切性が場面（レジスターや対人関係なども含む）によっ

て異なることを自然に表現する．「場面」の判断（＝規範の選択）は，豊かな事例記憶を基盤に達成される．事例理論の記憶モデルでは，記憶されている事例には「誰がどのような状況で誰に対してどういった意図で用いたか」といったエピソード的な情報も付与されていると考えるためである．もちろん，具体的にどのような情報がどうエンコードされ，言語運用の際にどう活用されているか，そのメカニズムを解明しない限りこれは単なる仮説にとどまるが，行動レベルであれば，たとえばエピソード記憶と「価値判断」のような社会的推論が連動しているという研究もある（e.g., Klein et al. 2009）．

レイとグレース（Wray and Grace 2007）のいう「ソト向け」言語の単純化は，従うべき規範が想定困難か未知であるために起こると考えられる．規範が不透明であれば保守性が失われ一般的な振る舞いが現れる．このことは，規則的で「単純」な言語活動は，そうでない言語活動よりも「負荷が高い」ことを意味する．Sの非常に弱い状況下では，言語活動はほぼ M のみに基づいて行なわれると考えてよい．これは要するに，個体が自身の記憶／知識のみに基づいて言語活動を行なうということであり，その結果として，非常に「独特」（idiosyncratic）な言語産出が行なわれることになる．我々は，無理をして規則的な言語を話しているのである．

なお，ここでいう S とは，バターリ（Batali 2002）がシミュレーションに取り込んだ「社会的圧力」とは少し趣を異にしていることにも注意されたい．彼のシミュレーションでは単一のエージェントの「コミュニティ」しか存在していなかった．これはどんなエージェントであれとにかく「他者」が使用した表現であれば当該コミュニティのもつ表現のバリエーションの一つであることが保証されることを意味する．しかし現実にそのようなことはほとんどなく，ほとんどの言語話者は多様な言語環境下におかれており，実際の言語活動に際しては，その状況に応じた「規範」を選択する必要がある．

8.3.2 社会知としての文法

上に述べたとおり，社会的圧力 S はあくまで言語使用の際に作用する，いわば「制約」であり，文法そのものではない．文法は，そのような制約のもと産出された言語使用に宿るもの（現実の文法）であり，またそのような制約を内省し推察した結果描き出された想定の産物（理想の文法）である．前者は，「社会的分散認知」（socially distributed cognition）の一つとして特徴づけられる現象といえるか

もしれない（e.g., Hutchins 1990, 1995）．

　社会的分散認知研究の第一人者であるハッチンス（Edwin Hutchins）は，狭い水域を大型船舶が通り抜ける際の船員の共同作業を例にあげ，個々の船員の行動，および認知状態は自律的であり，必ずしも一つの統一の指揮系統によってトップダウンに指示された行動ではないが，それにもかかわらずそういった自律的な行動が相互作用し総体として一つの大きな「構造」を作り出している，という指摘を行なっている（Hutchins 1990, 1995）．この時自然発生的に生じる「構造」こそ，船員コミュニティという「社会」に分散された「知識」であり，言語使用者のコミュニティにおける「文法」とパラレルなものとしてとらえられる．

　また後者の，「理想の文法」に当たる側面は，「どのような知識がコミュニティに共有されているのか」「どのような慣習的行動がコミュニティ内で許されるのか」ということに関する社会的推論の産物としてとらえられよう．これは一つには，文化人類学における「儀礼」（rituals）の概念と通底するものがある（e.g., Bloch 1974, Rappaport 1984）．儀礼（e.g., 葬儀）における規範は確かに「存在する」かのように振る舞い，実行者の行動を制約するが，その実態は必ずしも定かではなく，個々の成員が推して図るのみである．時にそのような規範から逸脱する（e.g., やたらに怒って木魚を叩く僧侶，福島 1995: 56-57）ようなことがあれば，顰蹙を買うか，場合によっては罰せられることになろう．しかしそれでも，「逸脱か否か」を決める境界は常に曖昧であり，それを突き止めることは困難である．

　もちろん言語を使用するという行為がすべて「儀礼」であるとは考えにくいが，言語も慣習の体系にすぎないのであれば，多かれ少なかれ同一の原理で説明が可能であると考えられる．となると，理想の文法とは結局，「皆が従っているであろう規則」を推測した結果の産物であり，文法性／容認性判断によって「非文法的」「容認不可」とされる表現とは，「普通はそうはいわないだろう」という規範への逸脱の検出にすぎない，という帰結が得られる．

　以上より，現実の文法とは，言語コミュニティの成員同士の相互作用の中に宿る，各成員に分散された知識としての「社会知」であり，理想の文法とは，個々の成員が他の成員との「共有範囲」を推して図った結果として得られる，実体はよくわからないが従うべき「規範」としての「社会知」である，という特徴づけができる．

8.3.3 文法性／容認性判断の限界

ここでは,「文法性／容認性判断の限界」を示す例として,「現実の文法」と「理想の文法」の乖離現象と,「理想の文法」の推察における「揺らぎ」現象の事例を紹介し,「文法性判断」の実体についての考察につなげる.

a. *couldn't care less* vs. *could care less*

英語の couldn't care less という表現は,仮定法的に「これよりも少なく気にすることなんてありえない」,つまり,「まったく気にしない」「どうでもいい」ということを表す慣用表現である. 類似の couldn't agree more などと同様に,「モーダル＋否定＋比較級」の形式で,強い肯定を表すという,比較的一般性の高い用法の一種で,その意味・機能も,語の意味と構文の形式から論理的に導けるものである. しかしながら,特にアメリカ英語の口語で,could care less という論理的にはまったく逆の意味をもつ形式が,同様の意味で用いられるという現象が起こっており (Cf Tannen 2011: 213),論争にさえなっている (e.g., http://english.stackexchange.com/questions/706/which-is-correct-could-care-less-or-couldnt-care-less).

ピンカー(Steven Pinker)などは,後者の could care less の発音の仕方が couldn't care less とは大きく異なることから,could … が「皮肉」として用いられていることを指摘しているが,それが正しかったとしても,論理的には正反対の意味の表現が同様の意味として用いられるバリエーションとして存在する,という事態は,かなりまれな現象であることは確かである (Pinker 1994).

また,前者を「論理的で正しい」とする母語話者もいる一方で,現実としては「後者の方がより多く使われている」という声もあり,まさに「規範と現実のギャップ」が表れている現象としてみることができる. なお,使用実態に関しては,筆者が現代アメリカ英語の均衡コーパスである *Corpus of Contemporary American English* (COCA, Davies 2008-) を用いて調査した結果を表8.1に提示しておく. この結果からは,総数としては正用法の couldn't … の方がやや優勢であるが,やはり話し言葉になると情勢が逆転することが見て取れる.

表8.1 COCAにおける *couldn't care less* と *could care less* の分布

	書き言葉	話し言葉	全体
couldn't …	301	45	346
could …	168	71	239

b. ラ抜きことば

　前川（2006: 17）は，日本語のいわゆる「ラ抜きことば」に関して，興味深いデータを提示している．一般的に，上一段活用・下一段活用・カ行変格活用の動詞の可能形は「見られる」「食べられる」「来られる」のように「-られる」という形式を用いるというのが日本語の活用規則であるが，「来れる」のように「ら」が欠落した形式も存在し，「ことばの乱れ」として言及されることも少なくない．この「揺らぎ」に関して，前川は，日本語話者の「規範意識」と「言語行動」の乖離を見て取れることを指摘している．前川（2006: 17）によれば，文化庁が2001年に実施した世論調査（文化庁 2001）では「来る」の可能形を「来れる」と答えた人の割合が「来られる」と答えた人の割合を超える「逆転」現象が，1971〜1980年生まれの世代（当時21〜30歳）で生じているが，前川らの編纂した『日本語話し言葉コーパス』（Corpus of Spoken Japanese: CSJ）に収録されている実際の発話を分析してみると，この逆転現象が1940〜1949年生まれの世代ですでに生じている（2001年当時52〜61歳）ことが明らかになったという．

　前川（2006: 17）はこの乖離現象に対して「学校教育やマスコミの報道を通じて，ラ抜き語形がことばの乱れとして指摘されてきていることが，アンケート回答者の意識にバイアスをあたえている可能性も否定できない」という見解を述べている．本章の論に沿っていえば，このような「正しい日本語」のバイアスは，報道などによって「従うべき規範」，つまり「理想の文法」が明示化されたまれなケースであり，一方で現実の文法では，一定の条件下で「ラ抜き」用法が用いられるという新たな規則が誕生していた，ということになろう．なお，前川は後に同一の現象に対して「意識調査で話し言葉についての回答を求められても，被験者が実際に回答しているのは書き言葉のレジスターでの行動についての内省である可能性がある」という別の見解を述べている（前川 2013: 9）．この点に関しては次で考察する．

c. 考察：文法性判断の正体

　上にみた couldn't care less と could care less の対立に関しては，「論理的である」というある種の規範が，また「ラ抜き」ことばに関しては，前述のように報道などに基づく「規範意識」そのものが，[*couldn't care less* → *could care less*]，[「来られる」（可能）→「来れる」（可能）] という言語変化に抵抗している，とみなすことができるのではなかろうか．この場合，内省の際「文法的である」「正用法である」と判断させているのは規範意識そのものであるが，上述の前川（2013:

9) の指摘にあるように，この「規範意識」の礎にあるのが，「書き言葉の用法」である可能性も指摘できる．could/n't care less の対立に関しても，表 8.1 に提示した結果から，やはり「論理的」であるのは「書き言葉の用法」であり，規範として機能している可能性を見て取れる．

　これは 8.2.1 項で言及したポートの議論にも通じる．ポートは音素の心的実在性を否定しているが，にもかかわらず母語話者が「音素直観」のようなものをもっていると感じるのは，ひとえに識字教育，つまり，「文字」の知識によるのだ，と主張している．これが本当ならば，書き言葉がある種の規範となって我々の直観にまで影響するということを端的に示す現象であり，書き言葉の用法が文法に対する規範意識の，いわば「宿り木」になっていると考えるのも，そう無理はない発想であるといえよう．オング（Walter Ong）による「声の文化」（orality）と「文字の文化」（literacy）の議論にも類似の発想を見て取れる．オングは，真に「従属的」（subordinative）な構造をもつのは書き言葉だけであり，話し言葉は「追加的」（additive）であると議論している（Ong 1982）．このような考えは，エヴェレット（Daniel Everett）によるピラハ語（Pirahā）の分析（Everett 2005）とも通じる．エヴェレットによる，ピラハ語にはいわゆる「埋め込み構造」が存在しない，という主張は主に理論言語学において大変物議を醸した．ピラハ語もやはり話し言葉しか存在せず，エヴェレットの主張が正しいのであれば，埋め込み構造のような複雑な文法的な構造は書き言葉特有のものであるという可能性が浮かび上がってくる．

　いずれの場合も，ある表現 e が非文法的とされるのは，「e と対照される別の規範的な表現 e' が想定される場合である」という一般化が可能であろう．要するに文法性判断とは規範に従った表現か否かの判断であり，したがって，文法性判断の際に「文法」だと思っているものは，本当は判断の際に想定される規範にすぎない，という帰結が得られる．これが，社会統語論の文法観である．

8.3.4　課　題

　以上が社会統語論の詳細であるが，そのほとんどが概念の整理と理論的な論考であったことには気づかれたであろう．したがって今後の課題として，具体的な分析を実行するための方法論の構築が急務である．

　現時点で見込みのある方法論は二つある．一つは，バターリの分析（Batali 2002）にあったような，シミュレーションを用いたアプローチである．社会的な変数を

うまく取り込んだ多重エージェントモデルを構築し，文法の形成，あるいは変化がその変数にどう影響されていくのかを実験的に検証するという方法である．類似の研究としては，バクスター（Gareth Baxter），ブライズ（Richard Blythe）らによる「発話淘汰モデル」（Utterance Selection Model）を用いた分析がある（e.g., Baxter et al. 2006, Blythe and Croft 2009）．ブライズとクロフトは，トラッドギル（Peter Trudgill）によるニュージーランド英語の形成過程に関する論考（Trudgill 2004）を批判的に検証し，トラッドギルの「多数派の原理が形成プロセスを最もうまく説明する」という主張に対して，数の原理だけでなく，「誰が発話したか」という変数を重みとして加えた方が，より現実の形成過程を反映したものになる，という議論を行なっている（Blythe and Croft 2009）．

　もう一つは，コーパスなどの言語データに基づく分析が考えられる．従来のコーパス言語学の延長として，ジャンル分析など社会的変数を取り込める形で分析を行ない，いかに構文や文法的特徴が社会的要因に制約されているかということを示す，というアプローチである．あるいは，会話コーパスのような小規模ながら参与者の豊かな情報を含むマイクロなやり取りを分析可能なデータを用い，局所的な「創造性」の発露をみいだす，という方法も可能であると思われる．類似の研究としては，「対話統語論」（Dialogic Syntax）における「響鳴」（resonance）の分析があげられる．対話統語論は，デュボア（John DuBois）の提唱する理論で，対話データから統語構造の形成や変化，あるいはその実在性（＝言語使用者にとって実際に知識や資源として利用されている，ということ）を検証することを目的としている（e.g., DuBois 2014）．響鳴とは，「発話間の類似性を活性化させること」と定義され，典型的には，直前の他者の発話に対して類似の発話を返す，という現象である．

　この二つの方法論は，異なる側面を扱うものであり，補完的な性質をもつと考えられる．前者は文法の形成や変化を扱うマクロなもの，後者はそれを構成する個々の営みや局所的な現象を分析するマイクロなものとみなせる．したがって，社会統語論では，両者をうまく融合し，文法の社会的な諸側面を暴き出していくことが必要となると考えられる．

まとめ

本章では，統語論が記述してきた要素の組合せ規則に関する体系，あるいは「文法」が，従来の理論言語学で想定されているような「自律的」なものではなく，

また純粋に個人の「認知」によって規定できるようなものでもない，多分に「社会的」な実体であることを説き，そのような社会的側面から統語現象を読み解くための理論的枠組みとして，社会統語論という研究プログラムを紹介した．

　この社会統語論という試みは，統語論や構文を分析してきた生成文法や認知言語学といった理論言語学の知見と，実際に言語の使われる状況や使用者の特性を多分に取り込んで言語の実態を解明してきた社会言語学や言語人類学の知見を総合し，言語に対する新たな視点を提供する可能性を秘めていると筆者は信じている．もちろん，そのような試みは，ここで紹介したとおりこれまでもさまざまな研究者によって行なわれてきたものであり，それ自体は社会統語論の独自性とはいいがたいが，「社会統語論」という新たな理論的枠組みを作り，体系的に分析を行なう道筋を作る，ということが重要であると考える．

より深く勉強したい人のために

- Keller, Rudi (1994) *On Language Change: The Invisible Hand in Language* (Brigitte Nerlich, Trans.), London, New York: Routledge.

  いわずと知れた，言語変化における「みえざる手」(The invisible hand) の議論を展開した名著である．英訳版の出版年は1994年だが，ドイツ語の原著は1990年に出版されている．したがってすでに出版から四半世紀が経過しているが，いまなお色あせない鮮やかな議論を見て取ることができる．特に，言語を「人々の意図的な行動が生んだ帰結として生じた現象であるが，それ自体が目的ではない」現象，ケラーのいうところの「第三種の現象」(a phenomenon of the third kind) と位置づけ，「渋滞の自然発生」など卑近な例をあげて分析・考察している点は，本章における「現実の文法」の議論と通底する，きわめて鋭い論考であると思われる．

- Wray, Alison (2008) *Formulaic Language: Pushing the Boundaries*, Oxford: Oxford University Press.

  本文で数回紹介した，アリソン・レイによる定型表現に関する議論をまとめた最新作である．議論は多岐にわたり，「定型表現とは何か」に関する理論的な論考にとどまらず，機械翻訳や言語障害への支援，言語学習，など，応用領域といえる範囲にまで及ぶ（第III部）．また，本章で紹介した「ソト向け言語の単純化」に関する議論 (Wray and Grace 2007) や，言語進化に関する論考 (Wray 1998) も収録されている（主に17章）．

- Enfield, Nick J. (Ed.) (2002) *Ethnosyntax: Explorations in Grammar and Culture*, Oxford: Oxford University Press.

  本文では言及しなかったが，本章の素描した社会統語論に類似した理論としては，

文化人類学的な統語現象の分析，いわゆる「民族統語論」（Ethnosyntax）があげられる．この論文集は，民族統語論に属する論考を集めた恐らく唯一の論文集である．ただそれでも，多くの論文は，任意の統語構造（e.g., 使役構文）や統語的要素（e.g., 人称代名詞）が文化的な価値・意味・効果を担っている，という，意味論・語用論的側面に関する分析が多く，統語構造そのものや，それを駆動する原理についての分析はさほど多くない．本章の議論と近いのは，第 III 部に収録されている四つの論文で，たとえばバリッジ（Kate Burridge）によるペンシルベニアにおけるドイツ語の「脱文法化」（degrammaticalization）の議論（Burridge 2002）などは，宗教的な「規範」が文法構造の変化を引き起こすという視点での分析であり，本章の「理想の文法」の議論と通底するものがあるといえる．

文　献

黒田航（2007）「徹底した用法基盤主義の下での文法獲得：「極端に豊かな事例記憶」の仮説で描く新しい筋書き」『言語』36(11): 24-34.

郡司隆男（2002）『単語と文の構造』岩波書店．

福島真人（1995）「儀礼の意味というパラドックス」『言語』24(4): 56-63.

文化庁（編）（2001）『平成 12 年度国語に関する世論調査』財務省印刷局．

前川喜久雄（2006）「概説」『日本語話し言葉コーパスの構築法（国立国語研究所報告 124）』1-21.

前川喜久雄（2013）「コーパスの存在意義」前川喜久雄（編）『コーパス入門（講座日本語コーパス 1）』朝倉書店，1-31.

森田孝夫・古川芳信・徐良（1986）「鴨川河川敷における人々の空間占有について：人の集合に関する研究（1）」『日本建築学会近畿支部研究報告集計画系』26: 353-356.

吉川正人（2010a）「言語を社会知と看做すとはどういうことか：新たな理論的枠組み構築のための整理」『社会言語科学会第 26 回大会発表論文集』90-93.

吉川正人（2010b）「社会的圧力が形作る文法：言語を社会知として見たとき何が言えるか」『言語処理学会第 16 回年次大会発表論文集』158-161.

Altenberg, Bengt (1990) "Speech as Linear Composition," In *Proceedings from the Fourth Nordic Conference for English Studies*, 133-143.

Batali, John (2002) "The Negotiation and Acquisition of Recursive Grammars as a Result of Competition among Exemplars," In Ted Briscoe (ed.), *Linguistic Evolution through Language Acquisition: Formal and Computational Models*, Cambridge: Cambridge University Press, 111-172.

Baxter, Gareth J., Richard A. Blythe, William Croft and Alan J. McKane (2006) "Utterance Selection Model of Language Change," *Physical Review E* **73**: 046118.

Bergen, Benjamin K. (2002) "Nativization Processes in L1 Esperanto," *Journal of Child Language* **28**(3): 575-595.

Bloch, Maurice (1974) "Symbols, Song, Dance and Features of Articulation: Is Religion an Extreme

Form of Traditional Authority?," *European Journal of Sociology* **15**: 54-81.

Blythe, Richard A and William A. Croft (2009) "The Speech Community in Evolutionary Language Dynamics," *Language Learning* **59**(supplement 1): 47-63.

Burridge, Kate (2002) "Changes within Pennsylvania German Grammar as Enactments of Anabaptist World View," In Nick Enfield (ed.) *Ethnosyntax: Explorations in Culture and Grammar*, Oxford: Oxford University Press, 207-230.

Bybee, Joan (2010) *Language, Usage and Cognition*, Cambridge: Cambridge University Press.

Chomsky, Noam (1965) *Aspects of the Theory of Syntax*, Cambridge, MA.: MIT Press.

Chomsky, Noam (1995) *The Minimalist Program*, Cambridge, MA.: MIT Press.

Davies, Mark (2008-) The Corpus of Contemporary American English (COCA): 400+ million words, 1990-present. Available online at http://corpus.byu.edu/coca/

Du Bois, John W. (2014) "Towards a Dialogic Syntax," *Cognitive Linguistics* **25**: 351-557.

Enfield, Nick J. (ed.) (2002) *Ethnosyntax: Explorations in Grammar and Culture*, Oxford: Oxford University Press.

Everett, Daniel L. (2005) "Cultural Constraints on Grammar and Cognition in Pirahã," *Current Anthropology* **46**: 621-646.

Gentner, Dedre and Markman, Arthur B. (1997) "Structure Mapping in Analogy and Similarity," *American Psychologist* **52**: 45-56.

Hauser, Marc D, Noam Chomsky and Tecumseh W. Fitch (2002) "The Faculty of Language: What is it, Who has it, and How did it Evolve?," *Science* **298**: 1569-1579.

Hutchins, Edwin (1990) "The Technology of Team Navigation," In Jolene Galegher, Robert E. Kraut and Carmen Egido (eds.) *Intellectual Teamwork: Social and Technological Foundations of Cooperative Work*, Hillsdale, NJ.: Lawrence Erlbaum Associates, 191-220.

Hutchins, Edwin (1995) *Cognition in the Wild*, Cambridge, MA.: MIT Press.

Keller, Rudi (1994) *On Language Change: The Invisible Hand in Language* (Brigitte Nerlich, Trans.), London; New York: Routledge.

Kirby, Simon and James R. Hurford (2002) "The Emergence of Linguistic Structure: An Overview of the Iterated Learning Model," In Angelo Cangelosi and Domenico Parisi (eds.) *Simulating the Evolution of Language*, London: Springer, 121-147.

Klein, Stanley B., Leda Cosmides, Cynthia E. Gangi, Betsy Jackson, John Tooby and Kristi A. Costabile (2009) "Evolution and Episodic Memory: An Analysis and Demonstration of a Social Function of Episodic Recollection," *Social Cognition* **27**: 283-319.

Mithen, Stephen J. (2005) *The Singing Neanderthals: The Origins of Music, Language, Mind, and Body*, Harvard: Harvard University Press.

Ong, Walter J. (1982) *Orality and Literacy: The Technologizing of the Word*, London: Methuen.

Palmeri, Thomas J., Stephen D. Goldinger and David B. Pisoni (1993) "Episodic Encoding of Voice Attributes and Recognition Memory for Spoken Words," *Journal of Experimental Psychology: Learning, Memory, and Cognition* **19**: 309.

Pawley, Andrew and Frances H. Syder (1983) "Two Puzzles for Linguistic Theory: Nativelike Selection and Nativelike Fluency," In Jack C Richards and Richard W Schmidt (eds.) *Language and communicaiton*, London: Longman, 191-227.

Pinker, Steven (1994) "Grammar Puss," *New Republic* **210**(5): 19-24.

Port, Robert F. (2007) "How are Words Stored in Memory?: Beyond Phones and Phonemes," *New Ideas in Psychology* **25**(2): 143-170.

Port, Robert F. (2010a) "Rich Memory and Distributed Phonology," *Language Sciences* **5**: 43-55.

Port, Robert F. (2010b) "Language as a Social Institution: Why Phonemes and Words do not Live in the Brain," *Ecological Psychology* **22**: 304-326.

Rappaport, Roy A. (1984) *Pigs for the Ancestors: Ritual in the Ecology of a New Guinea People* (2nd ed.), New Haven: Yale University Press.

Tannen, Deborah (1980) "Spoken/written Language and the Oral/literate Continuum," In *Proceedings of the Sixth Annual Meeting of the Berkeley Linguistics Society*, 207-218.

Trudgill, Peter (2004) *New-dialect Formation: The Inevitability of Colonial Englishes*, Oxford; New York: Oxford University Press.

Wray, Alison (1998) "Protolanguage as a Holistic System for Social Interaction," *Language and Communication* **18**: 47-67.

Wray, Alison (2002) *Formulaic Language and the Lexicon*, Cambridge: Cambridge University Press.

Wray, Alison (2007) " 'Needs only' Analysis in Linguistic Ontogeny and Phylogeny," In Caroline Lyon, Chrystopher L. Nehaniv and Angelo Cangelosi (eds.) *Emergence of Communication and Language*, London: Springer, 53-70.

Wray, Alison (2008) *Formulaic Language: Pushing the Boundaries*, Oxford: Oxford University Press.

Wray, Alison and George W. Grace (2007) "The Consequences of Talking to Strangers: Evolutionary Corollaries of Socio-cultural Influences on Linguistic Form," *Lingua* **117**: 543-578.

索　引

▶欧　文

BICS　140

CDA　64
Chomsky　6
could care less　160-162
couldn't care less　160-162
C-VPT　87, 93, 94, 97, 99
exclusive WE　30

F-陣形　84

inclusive WE　30

O-VPT　87, 93, 94, 97

rhotic　20

S字曲線　16

t/b 脱落現象　16

▶あ　行

あいづち　29, 72
アコモデーション理論　68
暗示的　38

イギリス方言　18
異質翻訳　107, 108, 122
意匠的　38
イデオロギー（ideology）　50, 62, 63
移民　135
イングリッシュ・オンリー（英語公用語化）運動　137

インフォーマル　127
引用（quotation）　44, 97

英語方言　20
衛星（satellite）　88, 92
衛星枠付け言語（satellite-frames language）　89
エスニシティ　130
エスペラント語　156
エボニクス論争　137
遠視点　99
エンパシー（empathy）　114
エンブレム　84

オーディエンス・デザイン（audience design）　67, 68
オリゴ　94

▶か　行

回帰直線　12
階級　130
階級再生産　133
外的制約条件（external constraint）　8
下位変種　127
外来語　8
会話分析（エスノメソドロジー）　121
学習思考言語（Cognitive Academic Language Proficiency: CALP）　140
学歴　141
過剰矯正（hypercorrection）　21, 132
語り節（narrative clause）　88, 97
学校　137
過程志向　119
が・の交替　13
上一段動詞　12
漢語　9

観察者の視点（Observer Viewpoint: O-VPT） 86
間接引用（indirect quotation） 47
間接的指標性（indirect indexicality） 64
間テクスト性（intertextuality） 47

聞き手を含まない解釈 30
聞き手を含む解釈 30
記述的 37
記述文法（descriptive grammar） 149
軌道 89
規範 134, 157-162
客観把握 119
キャッチメント 85
教育 138
教育社会学 140
狭義の法言語学 26
業績主義 142
強調語 32
協調の原理 28, 38
教養 142
儀礼 159
近視点 99
近視点ジェスチャー 101

空間描写 91, 93, 99
繰り返し 72
繰り返し学習（iterated learning） 155
グローバル化（globalization） 43
グローバルテクスト 123
グローバル翻訳 122, 123

形態素 16
経路動詞（path verb） 89, 90, 92, 101, 102
経路描写 95
結果志向 119
言及指示的機能（referential function） 49
言語イデオロギー（linguistic ideology/language ideology） 50, 126
言語共同体（speech community） 6
言語使用 143
言語生活 2
言語相対性 125

言語態度 132
言語知識 147
言語分析 24
言語変異 6
言語変異研究 82
言語変化 8
言語変種 128
言語類型論的 128
顕在的威信 135
原始言語（protolanguage） 155
現実の文法（real grammar） 150, 151, 160
謙遜の原理（self-depreciation） 110
現代日本語書き言葉均衡コーパス（BCCWJ） 14
限定コード 138

語彙化の類型 88
行為指示型（directive） 118
高位変種 126
広義の法言語学 26
甲種アクセント 31
国語 137
黒人英語（アフリカ系アメリカ人俗語英語） 136
国文学 142
国会会議録 11
コックニー 133
言葉の創造性（creativity of language） 151
ことばの犯罪（language crime） 27
言葉の乱れ 11
コーパス（corpus） 14
語法効果 36
コミュニケーションの生態学 112
コミュニケーションの民族誌 82
語用論 125
コンテクスト 67, 126
コンテクスト依存性 127
コンピタンス（competence） 6

▶さ 行

作者（author） 49

恣意的 38
ジェスチャー 99

ジェスチャー研究　82
ジェスチャー分類　85
ジェネラル・アメリカン　135
識字教育　153
識別力　37
自己修復　133
事後情報効果　36
自己呈示　133
視線配布　83
事態把握（construal）　118
下からの変化（change from below）　15
下町　10
視点階層の類型　102
視点タイプ　86, 90, 94, 95, 99
自発的ジェスチャー　85
下一段動詞　12
社会階層　20, 131
社会語用論　125
社会指標的機能（socio-indexical function）　49
社会知（social knowledge）　146, 149, 159
社会的圧力（social pressure）　154, 157, 158
社会的推論　146, 158, 159
社会的制約条件（social constraint）　8
社会的分散認知（socially distributed cognition）　158, 159
社会統語論（sociosyntax）　146
社会方言　126
若年層　11
ジャンル　128
自由節　97, 98
収斂行動（convergent behavior）　68
主観把握　119
受容翻訳　107, 116, 122
状況の等価性（situational equivalence）　109
象徴的表現（symbolic speech）　28
商標　36
職場研究　82
事例記憶　146, 154
事例理論（Exemplar Theory）　153, 158
人種　135
身体配置　84
心理言語学　34

スタイル（speech style）　7, 67, 68, 128
ステレオタイプ　134
ストーリー（story）　52
ストローク　86, 96
スピーチアクト（speech act）　112, 118
スピーチアクト（言語行為）論　2

生成文法　6, 149, 157
成長点（growth point）　88
精密コード　138
ゼロ対応　119
選択機能的言語学（System Functional Linguistics）　64

相互注視　84
総称的　37
創発（emergence）　148
属性主義　142

▶た　行

待遇表現　3
ダイクシス　91
対照性　129
対等の原理（egalitarianism）　110
脱埋め込み（disembedding）　43
ターン　78
ターン交替　83
ターンテイキング　74
談話（discourse）　5
談話分析　29

地域方言　126
中核スキーマ（core schema）　88
中産階級　133
重複発話　72
直示動詞　90, 91
直接引用（direct quotation）　46
直感　149
地理的プロファイリング　31
伝えられた発話（reported speech）　47

定型性　152
定型表現(formulaic sequences)　109, 152, 157
ディスコース・マーカー　139
ディズニー映画　136
出来事内視点　99
適正手続(due process)　28
テームズ川河口英語(Estuary English)　136

等価(equivalent)　46
東京アクセント　31
統計学　12
統語論　146, 147, 157
同時代性の否定(denial of coevalness)　64
登場人物の視点(Caracter Viewpoint: C-VPT)　86
動詞枠付け言語(verb-framed language)　89
独立　109, 113, 115, 117
トラッドギル　18, 130

▶な 行

内省　149, 151
内的制約条件(internal constraint)　8
ナショナリズム　142
ナラティブ(narrative)　7, 52, 85, 139
ナラティブ層　86

二重視点(dual viewpoint)　88
二重視点ジェスチャー　88
日常語(vernacular)　7
日本言語地図　9
日本語話し言葉コーパス　14
ニューイングランド的発音　135
ニューカマー　140

ネガティブな面目(negative face)　109
ネットワーク　134
捻作　84
年齢　10

▶は 行

ハイフン付き言語学(hyphenated linguistics)　1
発声体(animator)　49
発話行為(speech act)　27

発話責任者(principal)　49
ハード・ニュース(hard news)　43
パフォーマンス(performance)　6
パラ言語　83
パラ・ナラティブ層　86
パワフル・スピーチ　33
パワーレス・スピーチ　33

鼻濁音　6
　──の地域差　10
ビートルズ(Beatles)　18
批判的談話分析(critical discourse analysis: CDA)
　　51, 61, 63
標準エスペラント語(Standard Esperanto: SE)
　　156
標準語　126
標準変種　130

フォーマリティ　129
フォーマル　127
フレーム　66
フレーム空間(frame space)　66
文化意訳(culturally coherent translation)　107,
　　108, 111, 112
文化的ステレオタイプ(cultural stereotype)　51
文書分析　40
文法化　83, 96
文法性判断　14, 159, 160

変異　139
変異境界(envelope of variation)　15
変異体(variable)　131
変異理論　6
弁別素性　39

母音後の r(post-vocalic r)　20
法言語学(forensic linguistics)　26
方言分析　31
法と言語(language and (the) law)　24, 26
母語としてのエスペラント語(Native Esperanto:
　　NE)　156
母語話者　14

ポジティブな面目（positive face） 109
保守性（conservativeness） 152, 158
翻訳-編集（trans-editing） 44

▶ま 行

マーカー 131

無界的 119
無型アクセント 31

メタ語用（metapragmatics） 47
メタ・ナラティブ層 86
メタ認知 151
メタファー 64
メディア 61, 65
メディア翻訳（media translation） 44

モード 69, 70
物語性（narrativity） 52

▶や 行

山の手 10

有界的 119

有生階層（Animacy Hierarchy） 64

様態動詞（manner verb） 89, 90, 92, 101, 102
様態描写 95
容認性判断 159, 160
容認発音（Received Pronounciation: RP） 134

▶ら 行

ら抜き言葉 6, 161

理想の文法（ideal grammar） 150, 160, 161
隣接応答（adjacency） 121

レジスター 67, 128
連帯 109, 113, 115, 117

労働者階級 133
老年層 11
ロジスティック曲線（logistic curve） 16

▶わ 行

わきまえ 4, 74, 76
枠組み 66
和語 8

英和対照用語一覧

▶ A

adjacency　隣接応答
Animacy Hierarchy　有生階層
animator　発声体
audience design　オーディエンス・デザイン
author　作者

▶ B

BCCWJ　現代日本語書き言葉均衡コーパス
Beatles　ビートルズ

▶ C

Caracter Viewpoint: C-VPT　登場人物の視点
change from below　下からの変化
Cognitive Academic Language Proficiency: CALP　学習思考言語
competence　コンピタンス
conservativeness　保守性
construal　事態把握
convergent behavior　収斂行動
core schema　中核スキーマ
corpus　コーパス
creativity of language　言葉の創造性
critical discourse analysis: CDA　批判的談話分析
culturally coherent translation　文化意訳
cultural stereotype　文化的ステレオタイプ

▶ D

denial of coevalness　同時代性の否定
descriptive grammar　記述文法
directive　行為指示型
direct quotation　直接引用
discourse　談話（ディスコース）

disembedding　脱埋め込み
dual viewpoint　二重視点
due process　適正手続

▶ E

egalitarianism　対等（の原理）
emergence　創発
empathy　エンパシー
envelope of variation　変異境界
equivalent　等価
Estuary English　テームズ川河口英語
Exemplar Theory　事例理論
external constraint　外的制約条件

▶ F

forensic linguistics　法言語学
formulaic sequences　定型表現
frame space　フレーム空間

▶ G

globalization　グローバル化
growth point　成長点

▶ H

hard news　ハード・ニュース
hypercorrection　過剰矯正
hyphenated linguistics　ハイフン付き言語学

▶ I

ideal grammar　理想の文法
ideology　イデオロギー
indirect indexicality　間接的指標性
indirect quotation　間接引用
internal constraint　内的制約条件
intertextuality　間テクスト性

iterated learning　繰り返し学習

▶ L

language and (the) law　法と言語
language crime　ことばの犯罪
language ideology　言語イデオロギー
linguistic ideology　言語イデオロギー
logistic curve　ロジスティック曲線

▶ M

manner verb　様態動詞
media translation　メディア翻訳
metapragmatics　メタ語用

▶ N

narrative　ナラティブ
narrative clause　語り節
narrativity　物語性
Native Esperanto: NE　母としてのエスペラント語
negative face　ネガティブな面目

▶ O

Observer Viewpoint: O-VPT　観察者の視点

▶ P

path verb　経路動詞
performance　パフォーマンス
positive face　ポジティブな面目
post-vocalic *r*　母音後の *r*
principal　発話責任者
protolanguage　原始言語

▶ Q

quotation　引用

▶ R

real grammar　現実の文法
Received Pronunciation: RP　容認発音
referential function　言及指示的機能
reported speech　伝えられた発話

▶ S

satellite　衛星
satellite-frames language　衛星枠付け言語
self-depreciation　謙遜の原理
situational equivalence　状況的等価性
social constraint　社会の制約条件
social knowledge　社会知
socially distributed cognition　社会的分散認知
social pressure　社会的圧力
socio-indexical function　社会指標的機能
sociosyntax　社会統語論
speech act　スピーチアクト，発話行為
speech community　言語共同体
speech style　スタイル
Standard Esperanto: SE　標準エスペラント語
story　ストーリー
symbolic speech　象徴的表現
System Functional Linguistics　選択機能的言語学

▶ T

trans-editing　翻訳-編集

▶ V

variable　変異体
verb-framed language　動詞枠付け言語
vernacular　日常語

編者略歴

井
上
逸
兵
(いのうえいっぺい)

1961 年　石川県に生まれる
1989 年　慶應義塾大学大学院文学研究科修士課程修了
現　在　慶應義塾大学文学部教授
　　　　文学博士
　　　　NPO 法人地球ことば村・世界言語博物館理事長

朝倉日英対照言語学シリーズ［発展編］1
社 会 言 語 学　　　　　　　　　　　　定価はカバーに表示

2017 年 3 月 25 日　初版第 1 刷
2024 年 2 月 25 日　　　第 5 刷

　　　　　　　　　　　　編　者　井　上　逸　兵
　　　　　　　　　　　　発行者　朝　倉　誠　造
　　　　　　　　　　　　発行所　株式会社　朝　倉　書　店
　　　　　　　　　　　　　　東京都新宿区新小川町 6-29
　　　　　　　　　　　　　　郵 便 番 号　162-8707
　　　　　　　　　　　　　　電　話　03(3260)0141
　　　　　　　　　　　　　　FAX　03(3260)0180
〈検印省略〉　　　　　　　　　　https://www.asakura.co.jp

© 2017〈無断複写・転載を禁ず〉　印刷・製本　デジタルパブリッシングサービス

ISBN 978-4-254-51631-9　C 3380　　Printed in Japan

JCOPY　<出版者著作権管理機構　委託出版物>

本書の無断複写は著作権法上での例外を除き禁じられています．複写される場合は，
そのつど事前に，出版者著作権管理機構（電話 03-5244-5088, FAX 03-5244-5089,
e-mail: info@jcopy.or.jp）の許諾を得てください．

好評の事典・辞典・ハンドブック

脳科学大事典	甘利俊一ほか 編	B5判 1032頁
視覚情報処理ハンドブック	日本視覚学会 編	B5判 676頁
形の科学百科事典	形の科学会 編	B5判 916頁
紙の文化事典	尾鍋史彦ほか 編	A5判 592頁
科学大博物館	橋本毅彦ほか 監訳	A5判 852頁
人間の許容限界事典	山崎昌廣ほか 編	B5判 1032頁
法則の辞典	山崎 昶 編著	A5判 504頁
オックスフォード科学辞典	山崎 昶 訳	B5判 936頁
カラー図説 理科の辞典	山崎 昶 編訳	A4変判 260頁
デザイン事典	日本デザイン学会 編	B5判 756頁
文化財科学の事典	馬淵久夫ほか 編	A5判 536頁
感情と思考の科学事典	北村英哉ほか 編	A5判 484頁
祭り・芸能・行事大辞典	小島美子ほか 監修	B5判 2228頁
言語の事典	中島平三 編	B5判 760頁
王朝文化辞典	山口明穂ほか 編	B5判 616頁
計量国語学事典	計量国語学会 編	A5判 448頁
現代心理学［理論］事典	中島義明 編	A5判 836頁
心理学総合事典	佐藤達也ほか 編	B5判 792頁
郷土史大辞典	歴史学会 編	B5判 1972頁
日本古代史事典	阿部 猛 編	A5判 768頁
日本中世史事典	阿部 猛ほか 編	A5判 920頁

価格・概要等は小社ホームページをご覧ください．